風水の神さまをまねく
お部屋の本

＼みるみるアップ！／
仕事運
恋愛運
金運…

［監修］
きさいち登志子 生活コーディネーター
田中道明 風水コンサルタント

かんき出版

ジャ〜ン!
わ〜い
引っ越し完了!
やった〜
私の家!
お掃除、お掃除…
風水、風水…
ピカピカだね

もっといい運を
つかむわ！
幸せのスタートだね～
そうそう、玄関には
玄関マット
西に黄色だから、これ！
浄化～
浄化よ、
盛り塩よ！ 盛り塩！
どたばた！

え～と、ここが
東だから…
それって風水？
前の家でもやってたけど…
ふぅ～
こんなに
荷物
あった
かなァ
どかどか
あっ！ 宝物見つけた♬
これ遊ぼう
あら、どうしよ～
疲れたァ～
散らかり放題～

ピンポーン
ピンポーン
ちょっと待った！
あなたは!?
私は風水コンサルタントのみっちーと申します
?
なぜここに？
パコ
間違い風水をただすためにやってきました
聞きかじりの知識で間違った風水をやって悪運に巻き込まれることも多いのです
?
それって、まさか私のこと？
?
?
おじゃまします

では、失礼
えー、よろしく
お願いします
ははぁ〜
せっかくの新居なのに、
もうすでに悪運が
忍びよってきてるし…
ぞぉ〜
ぇっ
うそっ!?
私はマダムとしこ
ちょっと待ってくださる?
えっ!?
あなたは?
またきた!!
汚れない・濡れない・力がいらない
お掃除&片づけを伝えにきたの

風水とお掃除・片づけの関係を知ってるの？
ほら、悪運があちこちよ～
you Know?
そ、そんな～
荒れ放題～
ホントだ～
まず、いちばん知ってほしいのは、
風水にも神さまがいること
再び登場～!
Oh. my Lord!
神さまァ!!

登場人物紹介

ママ　しほ
イラストレーター兼主婦。わかったつもりの、ミーハー風水愛好者。きれいなお部屋を目指すが、自己流のお掃除と片づけのため、挫折と志の繰り返し。

パパ　ひろ
はやし家の大黒柱。営業職のサラリーマン。風水好きの妻に振り回され、汚部屋に慣れているが、きれいなお部屋にあこがれている。

謎の風水コンサルタント
みっちー

謎のマダム
お掃除＆片づけ師
としこ

ひとり娘　えり
元気な小学1年生。ママのお手伝いも率先してやる子。

☯ はじめに

「さぁ、きれいな部屋にしよう！」と、せっかくやる気になっても、1日できれいな部屋にするのはたいへんです。集中力も続きません。また、捨てるかどうか迷う、思いどおりの部屋に近づかない、一度きれいにしてもリバウンドしてしまう。そんな経験は、ありませんか？

この本は、そんな人をわかりやすくナビゲートします。

1週間で、理想の部屋にリセットできます。
曜日に合った部屋やエリアがわかるので、すぐはじめられます。
一生変わらない吉方位を活用できます。
風水でやってはいけないことと、幸運を呼ぶやり方がわかります。
風水の神さまをまねく部屋づくりが満載です。

このお掃除と片づけの実践は、曜日ごとに分かれているのが特徴です。たとえば、月曜日の「月」と日曜日の「日」は、文字を見てピンとくると思います。静かな環境をつくり、ツキを呼ぶのが月曜日です。日曜日は、陽（日）を浴びて元気で活動的な環境づくりが向いています。

漫然と部屋を掃除したり片づけるより、気のエネルギーに合った掃除と片づけをするほうが理にかなっていることを体験できるでしょう。

「風水の考え方」に「幸運」がプラスされ、ひとつずつ納得しながらきれいな部屋づくりが実現できます。そうやって丁寧にやることで、神さまを呼びこむことができるでしょう。

風水の神さまは、日本の七福神のように私たちに特別のパワーを授けてくれる、風水八福神のことです。

この本は、世界一の風水師・リリアン・トゥーの伝道師として知られる田中道明先生のコンサルティングと、「〝きさいち流〟お掃除曜日」とがコラボレーションした、画期的なお部屋づくりの1冊です。

1週間で部屋をリセットできるよう解説し、その状態をキープできる日々のヒントも網羅していますので、リバウンドはありません。いつでもリセットが可能です。

今日は何曜日ですか。

まずは、今日からチャレンジしてみましょう！

きさいち登志子

この本の使い方 1

きれいなお部屋に風水の神さまをまねく！

1週間でお部屋もあなたも変わる！

曜日ごとにお掃除・片づけする場所・ものと、お守りしている風水の神さまを紹介します。

お掃除・片づけ曜日
1週間でお部屋もあなたも変わる！
日曜日
Sun
P.42〜P.54参照
明るく活動的なエネルギーがふり注ぎます。リビングの「汚れ」や仕事部屋の「溜めこみ」、子ども部屋の「散らかり」は悪運のもと。退治しましょう。
リビング
仕事部屋
子ども部屋
お掃除・片づけ場所

神さまの
パワー

日曜日の神さま

扇で魔を打ち払い、不老不死の桃を持つ健康・美容運の神さま

漢《かん》鐘《しょう》離《り》

各曜日を
お守りしている
風水の神さま
の名前

【生い立ち】
生まれたとき月が落ちたかと見まごうほどの光が満ちあふれ、そのご威光から漢の時代の将軍に選ばれますが、のちに高僧と知り合い、戦いよりも神さまとしての修行を積む後半生を選びました。強いだけでなく、知性と滋味に満ちあふれた完璧な存在です。

【開運】
扇を使い悪霊を退散させ、病気を治し、死者の魂を蘇らせます。手に持つ桃は不老不死をあらわす、アンチエイジングの象徴です。

【吉方位】
健康と成長をあらわす東を守ります。

吉方位

開運

生い立ち

この本の使い方 2

きれいなお部屋に風水の神さまをまねく！

実践　1週間でお部屋もあなたも変わる！曜日ごとにお部屋をきれいにする方法を解説します。

風水の神さまが授ける運のアップ
風水の神さまをまねくために曜日のパワーを活かします
この場所をお掃除・片づけします

日曜日 [SUNDAY]

健康・美容運の神さまをまねく！

お日さまの陽のパワーが集まる日曜日は、リビングや仕事部屋、子ども部屋を。心と体をリフレッシュさせます。

開運させるためのリビング家具の配置は？

気の流れを遮らないようにすると運気アップ

ソファがある家は、リビングの真ん中などに置いて気の流れを遮らないようにしてください。場所をとる大きなソファより、一人がけのソファを二脚か三脚置くほうが移動も掃除も便利です。

しっかりした素材の、背もたれが高めのものを選んで、ゆったり腰かけられるようにしましょう。

落ちついたリビングで暮らすと周りの人から協力を得られるようになります。

42

お部屋と
曜日パワー
の紹介

お掃除・
片づけ
場所

お掃除や
片づけの
疑問にお答え
します

リビング

リビング自体が狭ければ、ソファは置かず、クッションで対応するのもいいでしょう。

季節ごとにカバーの色や柄を変えれば部屋の印象を変えることができますし、カーテンの色とおそろいにしたりして、アクセントをつけることもできます。

リビングの掃除と片づけの基本は何ですか？

目的に合わせてそれぞれにしまう場所とごみ箱を

本来、リビングは落ち着く場所ですが、ここで食事したり、仕事場になったり、子どもの勉強場所になったりします。そんなときはスペースを目的別にし、そこで使うものをしまう場所とごみ箱を置きます。そうすると、掃除しやすく、しまいやすく、捨てやすくなります。

それだけで5大悪運の「災い」と「停滞」から逃れ、心おだやかに作業もすすめられます。リビングは、使い道は違っても明るい笑顔がこぼれる部屋に。

リビングに置く時計はどんなものがおすすめ？

丸か四角、音の小さいものを選びましょう

リビングに置く時計というと、一般的には掛け時計か置き時計を選ぶことになるでしょう。

実は、風水ではリビングに時計は置かないのがベストです。

ただ、そうもいかない家のためにベターなものをお教えすると…形は丸か四角を。三角や八角形など変わった形は避けます。素材はプラスチックや金属、木製など部屋の雰囲気に合わせてOK。音はできるだけ小さいものを選びましょう。

43

掃除・片づけの方法
神さま（運）をまねく
風水のルール

風水の神さまをまねくお部屋の本　目次

開運させるためのリビング家具の配置は？／リビングの掃除と片づけの基本は何ですか？／リビングに置く時計はどんなものがおすすめ？／部屋の運気を下げる観葉植物の置き方は？／飾り棚には何を飾ると運がよくなりますか？／ごみ箱は中身を捨てるだけでいいの？／おしゃれなフローリングにカーペットは必要？／古い御守りやお札が出てきた…／新しく撮った写真を飾るスペースがない …etc.

スコンロの落ちないこびりつき／引き出しを整理しても、ごちゃごちゃになります／油汚れや魚焼きなどのグリル掃除はどうする？／ホーロー鍋の焼き色が重曹でも漂白剤でも落ちません／強い洗剤を使わずに換気扇をきれいにしたい！　…etc.

水曜日　人間関係運の神さまをまねく！

……90

水まわりの掃除はどうして大切なの？／シンクまわりの3大掃除風水ポイントを教えて／健康的な食事をするだけじゃ力はでない？／シンクをピカピカにしたい！／節約生活をしてもお金がたまらないのはなぜ？／水切りカゴの底がいつの間にかカビだらけ／排水口のぬめりと流れの悪さが気になる／まな板のにおいや黒ずみはどうやって落とすの？　…etc.

床が汚れているとどんな悪いことがあるの？／木のパワーを最大限に受けるには？／木まわりの掃除や片づけって、どこをやるの？／床を拭いたと思ったらすぐホコリが溜まる／階段や廊下の隅にホコリが溜まってしまう／廊下が広いので物置にしています／節電のため内玄関や廊下はいつも暗くしています／部屋のドアは意外と汚れている！／和室の柱はどう扱えばいい？　…etc.

トイレの神さまは何の運気をアップさせてくれるの？／トイレもおしゃれにしたいのでいろいろ飾っています／トイレのスリッパやマットが汚れやすい／トイレを使うときに気をつけることは？／気がつくと

ずっと同じタオルを使っています／トイレの掃除道具はどこに置くといい？／トイレの照明は明るいほうがいい？／トイレを掃除すると金運がアップするのはなぜ？　…etc.

土曜日　才能運の神さまをまねく！

家の中は掃除しても外まわりはつい後回しになりがち／隣家と近接したベランダがストレスに感じる／門まわりをきれいにするポイントは？／共用の外階段も掃除しないとダメ？／汚れた塀は、どうやってきれいに？／部屋から見えるゴミ捨て場が不快です／不要品はとりあえず物置にしまっています／節電のため外灯はなるべくつけないようにしています／家の中に土まわりはある？　どうすればいい？／最近、悪い知らせばかりが届きます…　…etc.

で、何からはじめたらいいの?
悪運はイヤだからね
ぶるぶる
キャッキャッ
なんだかおもしろそう!
幸運を呼ぶ方位と悪運を呼ぶ方位があるからね
STOP!
N
W
E
S
まずは方角!!
一生変わらない吉方位が誰にもあるんだよ
うぅ…難しそう
大丈夫!

神さまの名前は?
?
それは生年月日ですぐわかるんだ
それに神さまを
まねく方法もネ
神さまは8人!
それぞれ強運を
さずけてくれるよ
漢鐘離《かんしょうり》
張果老《ちょうかろう》
李鉄拐《りてっかい》
呂洞賓《りょどうひん》
曹国舅《そうこくきゅう》
何仙姑《かせんこ》
韓湘子《かんしょうし》
藍采和《らんさいわ》
宝
バァアーン!

神さまをまねくお部屋をつくりましょう
では、マダムとしこに
バトンタッチ
お部屋の環境によって
人生も変わるの
どよ〜ん
きれいで清潔な家と
何も手当てしていない家とでは
寿命も違うわ
しゃき〜〜ん
ボロ〜ボロ〜
ボロボロ〜

でも、毎日家のお部屋ぜんぶの
掃除は行き届かない
ものにもみんな意味があるの
かわいがってあげれば輝くわ
よしよし
1週間
がんばります!
お掃除曜日をぜひ活用してね
お掃除曜日
日 月 火 水 木 金 土
Sun Tue Wed Thu Fri Sat

今日は何曜日?
月曜日!!
それならできるかも
じゃ、明日は?
火曜日は火まわり
サッ
サッ
洗剤
月曜日はツキを呼ぶように、
ゆったりする環境を
水曜日は水まわり
木曜日は木まわり

金曜日は光るもの
キレイ、キレイ
金運磨くぞ～
土曜日は土・外まわり
日曜日は日まわり
ゴシゴシ
ふぃー!
仕事部屋や子ども部屋は?
お日さまのエネルギーをいただいて活動をいきいきさせる日曜日よ
せっせっ
シュー
イキイキ!
きれいって楽し～
せっせっ!

幸運を呼ぶ！ 2つの耳寄りな話「若い陽」と「一生使える吉方位」

幸運をつくるのは若い陽

左ページの図のマークを見たことはありますか？ 黒い部分は「陰」、白い部分は「陽」をあらわします。陰は静かなエネルギー、陽は動きのあるエネルギーで、陰陽どちらかの力が強くなると、もう一方が弱くなるというバランスが常に保たれています。

朝に太陽が昇り、夜に月が出て、また朝がくるという1日のサイクル。または、人が生まれ、大人になり、死ぬという人生のサイクルは、この陰陽のエネルギーそのもので、時間とともに移り変わっていきます。

仕事や勉強をするときに必要な活動的なエネルギーは陽、寝たり休んだりするときに必要な静寂のエネルギーは陰という2種類のエネルギーの話は、一度くらい聞いたことがあるでしょう。

図のように、陰陽にはさらに６つのエネルギーの段階があります。これを1日の活動サイクルとして意識すれば、良質な気（エネルギー）をもっと簡単につくれるようになります。

仕事で成功したい、恋人がほしい、願いをかなえたい…そんなとき、身の回りの「環境」を、若い陽の状態に整えることで、強力なパワーを得ることができるのです。

風水のエネルギーをチャージする一生変わらない吉方位

もうひとつの耳寄りな情報は、模様替えをしなくても吉方位から幸運のエネルギーを受け取ることができるということです。

日本でも、世界でも、ほとんどの風水師はコンパスで方位を測り、吉凶のある場所を見つけ、凶を吉に改善していきます。

その方位に家を建て、部屋をつくり、家具を配置し、配色を考えて風水グッズを飾るという本格的な風水術については、聞いたことのある方も多いでしょう。

しかし、方位を測り、家具を移動させたり、色を合わせるという風水は、その人の家によって間取りも異なるので、言うとおりに実践するのはなかなか難しかったはず。

これまで風水の本を読んでも実践できなかった理由は、ここにあるのではないでしょうか。

ここでは、間取りにかかわらず、風水の恩恵を受ける方法を伝授します。それは何かというと、生年月日にもとづいた個人の吉方位を使うことです。これは一生変わることがないので、一度覚えてしまえばいつでも使うことができるすぐれものです。

次の表から自分の吉方位を見つけ、その方向に顔（姿勢）を向けて座るだけで、幸運を受け取ることができます。たとえば、1981年9月22日生まれの女性なら、早見表からクアナンバーは5になります。次にクアナンバー別吉方位の5を見ると、8がクアナンバーだとわかります。つまり、食事や休憩をとるときは北西に向いて座ることで健康運アップ、恋人と過ごすときは西、仕事や勉強で成果を出したいときは北東に向くといいのです。

エネルギーを受ける目・鼻・口など、チャクラのほとんどは体の前面にあるので、吉方位に体の前面を向けて過ごすだけで、自然と運気がアップします。

ぜひ、お試しください。

クアナンバー早見表

生年月日(西暦)	男性	女性
1964年2月13日～1965年2月1日	9	6
1965年2月2日～1966年1月20日	8	7
1966年1月21日～1967年2月8日	7	8
1967年2月9日～1968年1月29日	6	9
1968年1月30日～1969年2月16日	5	1
1969年2月17日～1970年2月5日	4	2
1970年2月6日～1971年1月26日	3	3
1971年1月27日～1972年2月14日	2	4
1972年2月15日～1973年2月2日	1	5
1973年2月3日～1974年1月22日	9	6
1974年1月23日～1975年2月10日	8	7
1975年2月11日～1976年1月30日	7	8
1976年1月31日～1977年2月17日	6	9
1977年2月18日～1978年2月6日	5	1
1978年2月7日～1979年1月27日	4	2
1979年1月28日～1980年2月15日	3	3
1980年2月16日～1981年2月4日	2	4
1981年2月5日～1982年1月24日	1	5
1982年1月25日～1983年2月12日	9	6
1983年2月13日～1984年2月1日	8	7
1984年2月2日～1985年2月19日	7	8
1985年2月20日～1986年2月8日	6	9
1986年2月9日～1987年1月28日	5	1
1987年1月29日～1988年2月16日	4	2
1988年2月17日～1989年2月5日	3	3
1989年2月6日～1990年1月26日	2	4
1990年1月27日～1991年2月14日	1	5
1991年2月15日～1992年2月3日	9	6
1992年2月4日～1993年1月22日	8	7
1993年1月23日～1994年2月9日	7	8
1994年2月10日～1995年1月30日	6	9

クアナンバー別吉方位

クアナンバー	お金	健康	恋愛	成長
1	南東	東	南	北
2	北東	西	北西	南西
3	南	北	南東	東
4	北	南	東	南東
5	男性は2、女性は8になります			
6	西	北東	南西	北西
7	北西	南西	北東	西
8	南西	北西	西	北東
9	東	南東	北	南

※1月2月生まれの人は、陰暦カレンダーを見てください。旧暦正月以前に生まれた人は前年のクアナンバーとなります。 ※こちらから自動計算できます▶http://www.wofs.jp/kua_number_calc

風水

活用の仕方

各曜日にはエネルギーがあふれています。曜日のお掃除と片づけで悪運を退治し、きれいな部屋に。風水の導きによって、神さまが開運をもたらしてくださいます。

水 [WED]	木 [THU]	金 [FRI]	土 [SAT]

清らかに流れる	いきいきと育む	豊かに光輝く	大地からの恵み
水まわり	木まわり	トイレ 電子・電化製品 光るもの	土まわり
人間関係運	恋愛運	金運	才能運

曹国舅	藍采和	韓湘子	李鉄拐

1週間で
お部屋もあなたも
変わる!

“きさいち流”
お掃除曜日カレンダー

曜日	日 [SUN]	月 [MON]	火 [TUE]
エネルギー	 明るく活動的に	 ツキと新陳代謝	 温もりと団らん
場所	リビング 仕事部屋 子ども部屋	玄関 寝室	火まわり
開運	健康・美容運	仕事運	家庭運
風水の神さま	 漢鐘離	 呂洞賓	 何仙姑

幸運をもたらす〝きさいち流〟お掃除テッパン道具

お掃除や片づけは「汚いもの、イヤなこと」という先入観をまず捨てましょう。そしてすぐできることをし、家にあるものを活用しましょう。気持ちよくすぐ行動することがいちばんです。

6 酢

酢1：水4のお酢スプレーをつくっておくと便利です。水あか、石けんカス、たばこのヤニ、尿などアルカリ性の汚れを落とします。サビ防止や抗菌効果があります。

[NG] 鉄製品、大理石、コンクリート、車のボディなど。

[危険] 塩素系の薬剤洗剤（漂白剤など）と混ぜると有毒ガスが発生する危険あり。

7 重曹（重炭酸ソーダ）

ふりかけて磨くとソフトな研磨効果があり、酢と混ぜて発泡させると汚れを浮き上がらせます。消臭効果、除湿効果があり、人体にはほぼ無害です。

[NG] フローリングや畳、アルミ、銅、木の製品、漆器、テレビ・パソコンの画面など。

重曹とお酢でダブルの効き目

重曹で表面を磨いたあとにお酢スプレーすると、殺菌作用が働いて掃除と除菌のダブルパワーを発揮します。

[NG] それぞれ使ってはいけないポイントが違います。よく確認してどちらもOKな場所に使いましょう。

8 台所用洗剤

一般的な台所用洗剤でＯＫです。

お掃除道具の3か条

その1．安心・安全な素材
その2．きれいなもの
その3．再利用

1 水

スプレー容器に入れてピンポイントにシュッとひと吹きします。
バケツのように汚水を出しません。

2 スポンジ

これひとつで掃く・拭く・磨くができます。台所用の二層スポンジは床のホコリを集めるのにも使えます。水を含ませて使うメラミンスポンジは漂白剤なしで茶しぶや手あかを落とせます。

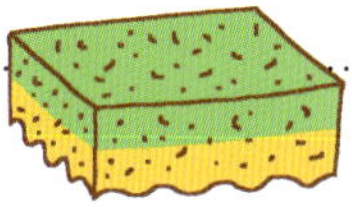

[二層スポンジ]
かたい部分は、ほうきやたわしがわりに。柔らかい部分は吸水と拭く効果もあります。
台ふきんがわりにもなり、除菌しやすいです。

[メラミンスポンジ]
微粒子の素材なので、傷つけずに汚れ取りが可能です。少し濡らしてから、手あかやこびりつき汚れを軽くこすります。

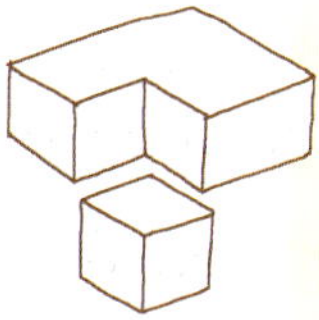

3 プチバスタオル

不要になったバスタオルをたたんで32等分し、使い捨てぞうきんとして再利用します。時間のあるときにつくっておけば、不要品の整理にもなります。

4 新聞紙・古雑誌

吸油性や吸水性にすぐれているので、油汚れや窓ふきに使います。

※通常のお掃除なら1～4でまかなえるものがほとんど。

5 塩

汚れを吸いとったり、キッチン用品の焦げつき、茶しぶ、除菌にも活躍します。お清め掃除にも必須です。

掃除と片づけから、きれいな部屋が生まれます！

5大悪運退治法

5大悪運とは？

汚れ ＝災いのもと
散らかり ＝停滞のもと
溜めこみ ＝下降のもと
悪臭 ＝老化のもと
あふれ ＝病のもと

掃除と片づけは、良いことも悪いことも連動します。片づいていても汚れを放置しておくと災いをまねき、部屋が散らかったままだと運勢が停滞し、使わないものを溜めこんでおくと運勢は下降し、臭いのもとを断たなければ人は老います。そうしていろいろなものがあふれだし、それが病気のもとになるのです。

5大悪運は、まさに負のスパイラルにはまっていきます。そうなる前に、悪運のもとを退治しましょう。

昔はトイレを「ご不浄」と呼び、丁寧語の「ご（御）」をつけて、家の中のどんなところよりきれいにしていました。人間の排泄したものを受け止めてくれる「不浄」の場だからこそ、丁寧に扱わなければいけないのです。放っておくと体や心も不浄の場となっていきます。

トイレだけではありません。洗面所、浴室、台所の水まわりなど「水」を扱うところは、不浄の場になりやすいので要注意です。汚れたままにしたり、散らかったままにしたりするのは、たいしたことではないように思う人もいますが、水を溜めていれば腐りますし、悪臭を放つようになり、そのようなものがあふれたら…もう、おわかりですね。

人間が暮らしている場所や部屋には、それぞれ意味があります。また、プラスのエネルギーを呼びこむこともできます。

風水の神さまを部屋にまねくなら、まず、悪運のもとを退治しましょう。ひとつひとつの具体的な退治法は曜日ごとの本文をご活用ください。

汚れは　拭く

水をスプレー容器に入れ、汚れ部分にシュシュッとしてプチバスタオルまたは新聞紙で拭き取ります。こびりつきは、そのまま置いて汚れをゆるませます。ささっと手軽に汚れが取れるように、身近に用意しましょう。放っておくと災いのもとです。

散らかりは　拾う・戻す

まずは、床に落ちているもの、使ったまま置いてあるもの、乱暴な扱いをしたものを拾います。このものたちは、紙くずも脱いだ洋服なども一緒です。マイナスのエネルギーを放っているものたちを、指定の場所に戻しましょう。

溜めこみは　使うか捨てる

使わないけれど、捨てられない…と、溜めこんでいるもの。よどみやこびりつきなどそのままにしている場所も、マイナスのエネルギーでいっぱいです。使えるようにするか、減らしていくかで、プラスに近づきます。

悪臭は　風を通す・もとを断つ

臭いのもとは、靴箱などの汗や体臭、ホコリや生ゴミ、排水口や排水管などがほとんどです。放っておくと、臭いに鈍感となり、体に悪影響を及ぼします。まず、家に風を通しましょう。さわやかな外の風を感じると、悪運の臭いに気づくでしょう。

あふれは　習慣の見直し

つい、余分な買い物をする。着ない、使わない、必要ないものがあふれている。やりっぱなし、使い放し、放ったらかしでゴミや汚れが部屋にあふれていませんか。習慣の見直しとあふれに立ち向かう勇気を。この本がきっかけになれたら幸いです。

お掃除は、
掃く・拭く・磨く
掃く
磨く
拭く
ナニ、
コレ?
溜めこみも
悪運のもと!
あわ、わ、わ～
あっ!
早くも汚部屋の悪運たちだワ

引っ越したのに
また使わないものを
持ってきてしまった…
強運を手に
入れられるのよ
?
きれいにしたら、
どうなるの?
?
不要な
もの～
開眼～!
お片
づけ～
Dust
Box
お掃除!
ブォー

1週間で
お部屋もあなたも
変わる!

日曜日

Sun

P.42〜P.54
参照

明るく活動的なエネルギーがふり注ぎます。リビングの「汚れ」や仕事部屋の「溜めこみ」、子ども部屋の「散らかり」は悪運のもと。退治しましょう。

リビング

仕事部屋

子ども部屋

日曜日の神さま

扇で魔を打ち払い、不老不死の桃を持つ健康・美容運の神さま

漢《かん》鐘《しょう》離《り》

【生い立ち】
生まれたとき月が落ちたかと見まごうほどの光が満ちあふれ、そのご威光から漢の時代の将軍に選ばれますが、のちに高僧と知り合い、戦いよりも神さまとしての修行を積む後半生を選びました。強いだけでなく、知性と滋味に満ちあふれた完璧な存在です。

【開運】
扇を使い悪霊を退散させ、病気を治し、死者の魂を蘇らせます。手に持つ桃は不老不死をあらわす、アンチエイジングの象徴です。

【吉方位】
健康と成長をあらわす東を守ります。

日曜日 ［SUNDAY］

健康・美容運の神さまをまねく！

お日さまの陽のパワーが集まる日曜日は、リビングや仕事部屋、子ども部屋を。心と体をリフレッシュさせます。

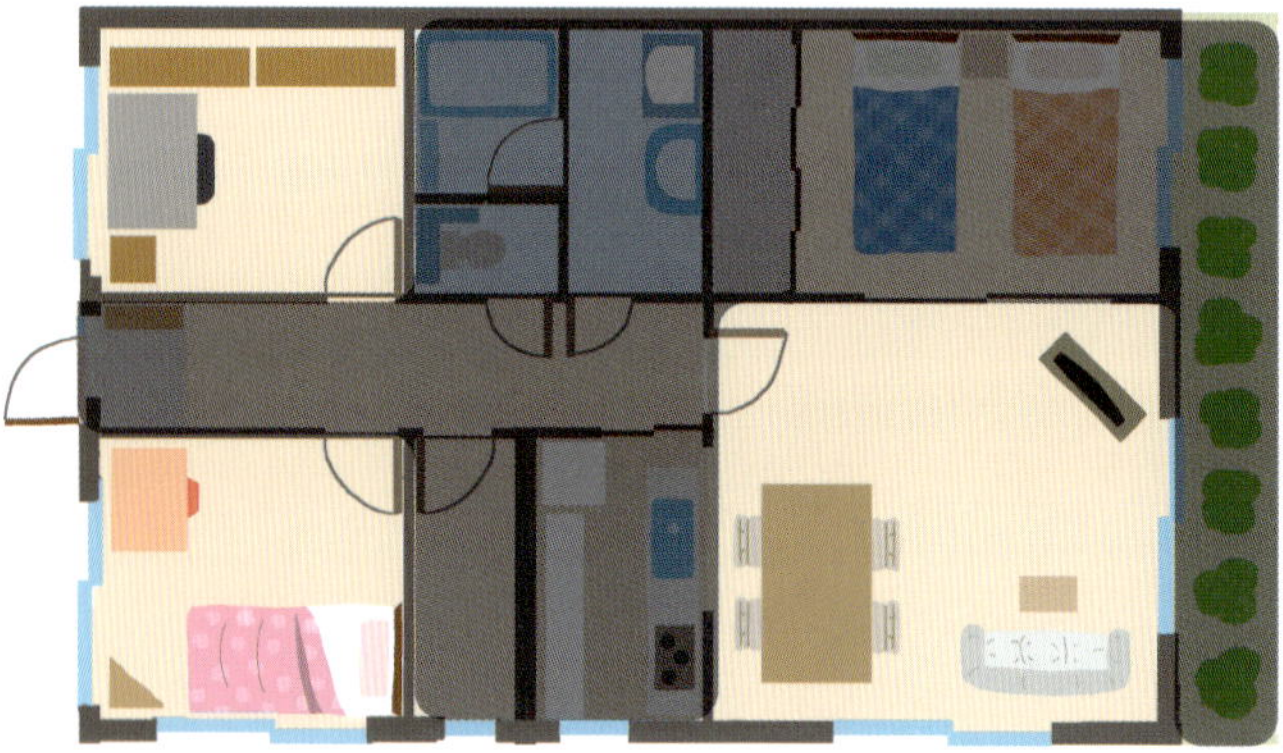

開運させるためのリビング家具の配置は？

気の流れを遮らないようにすると運気アップ

ソファがある家は、リビングの真ん中などに置いて気の流れを遮らないようにしてくださ い。場所をとる大きなソファより、一人がけのソファを二脚か三脚置くほうが移動も掃除も便利です。

しっかりした素材の、背もたれが高めのものを選んで、ゆったり腰かけられるようにしましょう。

落ちついたリビングで暮らすと周りの人から協力を得られるようになります。

リビング自体が狭ければ、ソファは置かず、クッションで対応するのもいいでしょう。

季節ごとにカバーの色や柄を変えれば部屋の印象を変えることができますし、カーテンの色とおそろいにしたりして、アクセントをつけることもできます。

リビングの掃除と片づけの基本は何ですか？

目的に合わせてそれぞれにしまう場所とごみ箱を

本来、リビングは落ち着く場所ですが、ここで食事したり、仕事場になったり、子どもの勉強場所になったりします。そんなときはスペースを目的別にし、そこで使うものをしまう場所とごみ箱を置きます。そうすると、掃除しやすく、しまいやすく、捨てやすくなります。

それだけで5大悪運の「災い」と「停滞」から逃れ、心おだやかに作業もすすめられます。リビングは、使い道は違っても明るい笑顔がこぼれる部屋に。

リビングに置く時計はどんなものがおすすめ？

丸か四角、音の小さいものを選びましょう

リビングに置く時計というと、一般的には掛け時計か置き時計を選ぶことになるでしょう。

実は、風水ではリビングに時計は置かないのがベストです。

ただ、そうもいかない家のためにベターなものをお教えすると…形は丸か四角を。三角や八角形など変わった形は避けます。素材はプラスチックや金属、木製など部屋の雰囲気に合わせてOK。音はできるだけ小さいものを選びましょう。

日曜日

部屋の運気を下げる観葉植物の置き方は？

方位よりも大切に育てると新たな運気が舞いこむ

観葉植物は、方位に関係なく、置いておくだけで発展と成長のエネルギーをもたらします。ポトスなど、手入れの簡単なものを選べば初めてでも安心です。

ただし、葉が落ちたり変色したりすると、「散らかり」と「悪臭」のもと。ホコリで「汚れ」がつかないように注意しましょう。

大切に世話をして、新芽が生まれてくると、新たな成長と繁栄がもたらされます。

飾り棚には何を飾ると運がよくなりますか？

願いとリンクした幸せな気分になるものを

笑顔で写っている家族や恋人の写真、表彰状や旅先の思い出の品など、幸せの意味を持つもの、見ると明るい気分になるようなものがふさわしいでしょう。

子どもがいるなら、その子が作った絵や工作を飾ると、子どもの成長エネルギーがそのまま発展・成長運を呼びこみます。家族がほのぼのとした、幸せな気分になれるような作品を選びましょう。

新しく何か買うなら、それがあなたの願いとリンクしたものにすることをおすすめします。たとえばハート形なら恋愛運を引き寄せるシンボルですし、そのハートがギザギザなら失恋を意味します。

ごみ箱は中身を捨てるだけでいいの？

汚いまま溜めこむと災いのもと。新聞紙を敷いて使う

汚れたものをそのまま捨てると、不衛生なごみ箱は掃除がたいへんです。新聞紙を中敷きにすると、そのまま捨てられて便利です。そのうえ汚れのこびりつきもありません。

プラスチックや金属製なら、熱めの湯をコップ半分ほど注ぎ、ごみ箱を振ると消毒になります。ほかはプチバスタオルを湯でぬらして中を拭き、日光消毒を。「なんだかついてないな」と思ったら、ごみ箱掃除からはじめてください。

おしゃれなフローリングにカーペットは必要？

まめに掃除機を使うならよいでしょう

じゅうたん、カーペットは床の地の気を補ってくれます。大地から離れるマンションの高層階ならば、敷いたほうがいいでしょう。織りの詰まった上質なじゅうたんは地の気を強め、安定をもたらします。ホコリやゴミに注意を。手入れを怠っては逆効果です。ホコリを吸い込んだ掃除機はにおってしまうので、ダストボックスの中に、洗濯用の粉石けんを大さじ1ほど入れると、掃除中も清潔な香りを楽しめます。

古いお守りや御札が出てきた…

神社へお返しするか、郵送。近所の神社でも

お礼の気持ちが大事です。その神社か近くの神社へ、直接持っていくか郵送でお返しします。

難しいときは、粗塩をかけてお清めしたあと、半紙に包むか封筒に入れ、燃えるごみとして出すこともできます。

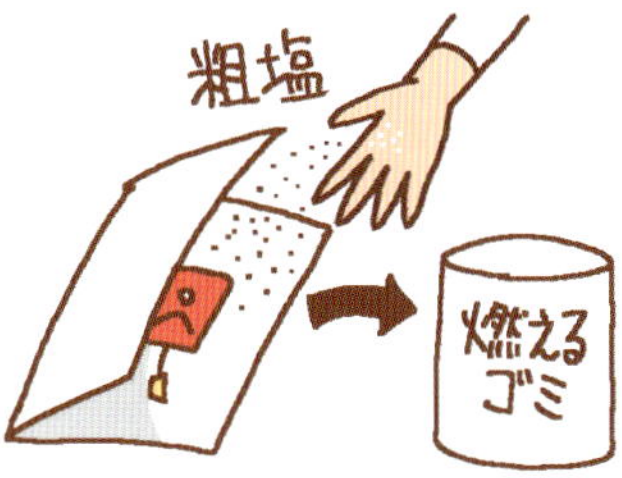

新しく撮った写真を飾るスペースがない

飾る枚数を決めるか、またはパソコンデータで保存

リビングの一角に写真コーナーを作り、スペースや枚数を決めて飾りましょう。イベントごとに新しく撮った写真を飾り、古いものを整理して収納ケースやアルバムに移動させておけばいつも新鮮でスッキリ。家族が集まるときの話題を提供してくれます。プリントでもらった写真をためこまないよう、スキャンしてデータ保存。ほかの写真は、切る・シュレッダーにかけるなどして、見えないように袋や封筒に入れ、封をして捨てます。

人形やぬいぐるみが多すぎる

汚れは重曹で取り、「ありがとう」の気持ちで捨てる

汚れた人形やぬいぐるみが置きっぱなしになっているのは悪運のもと。数と場所を限って、いつも清潔にして飾りましょう。

水洗いできないぬいぐるみはビニール袋の中で重曹をたっぷりと振りかけ、手でもみこむようにしてすみずみまですりこみます。そのまま一晩寝かせ、翌朝、掃除機で表面についた重曹を吸い取るなどしてきれいに粉を落とします。

飾らない人形は、一時的なしまい箱を作って収納。しばらくして開封し「いらないな」と思ったら処分しましょう。

棚の上の小物にほこりがたまりやすい

ストッキングが活躍。小物類はトレーにひとまとめ

静電気とほこりは切っても切れない関係にあります。オーディオなど精密なものはストッキングが、やさしくしっかりほこりを落とします。胴と足先を合わせてたたみ込み、最後にゴム部分に入れるとストッキングボールに。こうすると手になじみ、コード類もはさんで使えて便利です。楽しくほこり退治を。

小物類はそのまま置かずにトレーに乗せたり、透明ケースに入れるとスッキリ見えてお掃除もラクチン。

仕事部屋の照明はどんな色がいい？

白熱灯で効率・生産性がアップし、効果倍増

照明には大きく分けて、白色とオレンジ色がかったものがあります。

効率、生産性を上げなければならない仕事部屋や勉強部屋ならば白、ゆっくりくつろぎたいダイニングやリビングならオレンジを。

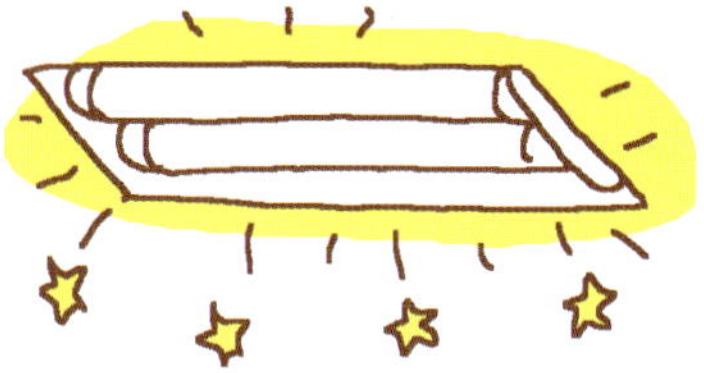

仕事部屋の床がコードでぐちゃぐちゃ！

目障りなだけでなく人間関係が悪くなる

コードは電気的なエネルギーの通り道です。絡んでしまうのは人間関係の混乱をあらわし、不吉です。

また、電話やインターネットの配線が絡むのも、良い知らせが入ってこないことを意味してしまいます。少々費用がかかっても配線は整えましょう。

エネルギーが効率よくまわっている部屋では集中力が発揮され、作業の効率も上がっていきます。

いただきものの雑貨が部屋になじまない

写真を撮ってからいさぎよく。バザーに出すなら箱ごと

キッチンでは使い道の見つからない一枚皿やボウルなどは、鉢植えの水受けやジュエリー入れ、ベッドサイドの小物入れとして活かしても。でも「せっかくもらったものだから…」と、部屋の雰囲気に合わないものを使うのは、散らかる原因です。

感謝のために写真を撮ってから、名前入りのグッズなどでなければリサイクルショップや地域のバザーなどへ出しましょう。箱ごとのほうが喜ばれます。

CDやDVDがありすぎると運気が落ちる？

整理されていないだけで運気ダウン

たくさんありすぎるのはないより悪いこと。邦楽・洋楽などジャンル別に分ける、インデックスをつけて取り出しやすいようにするなどして、鑑賞しやすいようにします。

好きな音楽が流れている部屋というのは、風水的にとてもよいものです。何日も留守にすると家は陰のエネルギーに満ちてしまいますが、明るい音楽をかければ、一瞬で陽の気に変わります。

いつでも好きな音楽が聞けるようにしたいですね。整理さえされていれば、CDはラッキーグッズです。

オーディオまわりの整理のコツと処分のコツは？

現在進行形と過去形に仕分けておくと処分しやすい

自分がコレクションしたものだけに、好きな音楽CDや映画DVDばかりのはず。その中でも「今聞いている・見ている」ものだけを厳選してプレーヤーの近くにおき、残りは収納ケースに片づけましょう。ついでに、完全過去形になったものはリサイクルショップに持っていきます。

新しいCDやDVDを仲間に入れたら、聞かなくなったものを収納する習慣をつければ、いつもすっきりです。

きれいな梱包材はついとっておきたくなる

紙袋は取り出しやすく、包装紙はシワにならないように

ファイルケースに背の順に立てて並べておくと、紙袋を取り出しやすく、活用しやすくなります。

包装紙は丸めて筒にしておくと、折り目がなくなって使いやすく、おしゃれな見せる収納に。

ブランド物の袋や箱はとっておきたい！

使いまわしは人間関係の不運をもたらす

贈り物用にとっておくという人もいますが、たとえハイブランドのものであっても、使いまわしはたいへん失礼。しまいこんでいた間に目に見えないホコリやチリが溜まっていて、受け取った人に陰のエネルギーをもたらしてしまいます。

古い紙類は老化を加速させ、成長運を奪い、家庭運を悪化させてしまいます。

仕事の資料や書類が机の上で山積みに…

見直して整理すると仕事運がめぐってくる

役割を終えた資料は定期的に見直し、使い終わったら処分するようにします。うまくいかなかった仕事の資料を整理すると、よいアイデアが湧いてくるともいわれています。

名簿のような個人情報はシュレッダーで裂く必要がありますが、人の名前をシュレッダーにかけるのは縁起が悪いので、そもそもよけいなDMはもらわないようにしましょう。

DMやチラシの効率的な片づけは？

クリアファイルにはさみ、たまらないうちに処分

クーポン付きのDMやチラシ、フリーペーパーなど「いつか使えそう」と思っているうち、溜めこみがゴミ化します。

必要なものは広げて透明のクリアファイルにはさみ、保管場所を作っておきましょう。

新しいものを後ろに入れておくと整理をするときに便利です。

保管は1カ月と決め、溜まらないうちに処分します。用途によってファイルを色分けしておくと、必要なときにさっと取り出せて役立ちます。

いらないDMは配信停止などの手続きで元から断つのもいいことです。

大切な印鑑、通帳、保証書はどう保管したらいい？

定位置に保管し、安定と信頼のアイテムとして大切に

すぐ取り出せるよう机の上に置きっぱなしにしておく人がいますが、これはNG。

安定と信頼の鍵を握る大切なものですから、定位置に保管します。

印鑑は使うごとに朱肉の残りを拭き取り、大切な名前がかすれたりにじんだりしないようにします。

三文判ではなく、水晶や瑠璃など、天然石の印鑑にすると財運が上がります。

家電の保証書やマニュアルはいつまでとっておく？

期限が切れても捨てるまで一箇所にファイリング

家電や工業製品には何でも保証書がついてきますが、その有効期限は商品によっていろいろです。現在使っている製品の保証書は、期限が切れても一応取っておきましょう。リコールの対象商品などになったとき、「買った店」や「買った時期」がわかったほうが、迅速な対応が受けられます。箱をひとつ用意し、家の中で使っている製品の保証書を収納しておくと、故障などのトラブルがあったときにあわてないですみます。

出しっぱなしにするとNGなものは？

名刺、悪い手紙は人間関係運、請求書は金運を下げる

出しっぱなしNGの三大アイテムが名刺、請求書、悪い手紙。

名刺のぞんざいな扱いはそのまま悪い人間関係へと発展。請求書や督促状は「お金が払えない」ということを潜在意識に送り続け、金運ダウンの原因に。別れた異性や訃報などの悲しい内容の手紙もストレスになり、新しい出会いを妨げます。

仕事やプライベートがうまくいっていないときは、これらが机や棚の上に放置してあったりするもの。今すぐチェックを！

保管が必要な書類は？目安はあるの？

領収書のファイル保存も保存目安は1年

会合や遠足など、近々の予定のものは掲示版に貼っておきます。イベントが終わったらすぐ処分。

光熱費などの領収書は1年を目処に保存しましょう。去年の同月と比べれば、値上げやムダづかいもチェックできます。

ほか、ファイルにしまって保管しておきたい書類には、次のようなものがあります。

- 年末調整（国民年金や社会保険、生命保険の控除明細書など）
- 確定申告（源泉徴収票、公的年金の連絡はがきなど）
- 車関係（自動車税の領収証など）
- 家電の取扱説明書、保証書（エアコン、テレビ、掃除機など）

溜まった名刺やカードが分類できない

つながってる人は手前に並べて自動的に仕分け

まず、名刺やカード類をひとつの収納ケースに並べて入れます。順番に見ていきながら、最近連絡のあった人や、これからつながりたい人の名刺を一番手前にもってきます。

これを繰り返していくと、手前側はつながりのある人や会社、奥のほうはすでにかかわりのない人に分かれていきます。

それらは、いさぎよく捨ててOK。改めてつながりができたら、また交換すればいいのです。

資料や手紙の捨て方がわからない…

絵はがきは飾ってもまとめて封筒に入れて処分

思い出は捨てがたいもの。プライベートな手紙類やイベントのパンフレットなどは、無理に捨てることはありません。

保管ケースがいっぱいになったら捨てどきです。「思い」を溜めこむと悪運のもとになります。

引っ越し通知やごく気軽な近況報告など、比較的重要度の低いものからシュレッダーにかけて処分していきます。

紙袋や封筒に入れて、まとめて処分してもよいでしょう。

遊ばなくなったおもちゃを片づけたい

壊れそうなものは迷わず捨てる

子どものものは、一緒に仕分けるのがあとでもめない秘訣です。ただし、先に仕分けておくのがコツ。「これは卒業だね」とひと言添えてください。

人に譲るときには、故障がないかをよくチェック。傷みが目立つ古いものは、ためらわず処分します。

キャラクター商品やゲームなどは、コレクターズアイテムとして価値が出る場合も。ためしに問い合わせてみて。

引き出しの中が文具でごちゃごちゃ。どう整理すれば？

文具はきちんと整理しないと不運の原因になる

ボールペンやマーカー、クリップ、ホチキスの針、ふせんなど、細かいものが押し込められ、ごちゃごちゃした引き出しは金運ダウンのはじまり。

先が尖っている鉛筆やペン類は気がつかないうちに家中に殺気を発しています。

収納するときは、少なくともきちんとペン先を揃えてしまうようにしましょう。

小分け収納ケースをうまく組み合わせて引き出しの中に仕切りを作り、使いやすいペンや必要なものだけを決めて入れておきましょう。

特にペンは自分のステイタスに直結するので、上質なものを選んで。

やめてしまった習い事の道具は捨てていいの？

とっておくなら保管方法に気をつけて

バレエ、ピアノ、習字…。どれも道具を揃えるにはお金がかかります。再びはじめるときのためにとっておくなら、保管方法や場所には気をつけましょう。

衣類や靴は、汚れを取ってから陰干しして湿気を取り、大きなポリ袋に入れます。重曹をだしパックに入れて同封しておくと、湿気を取ってくれてカビ防止になります。楽器は専用の布で汚れを取り、専用ケースに入れエアコンの風やヒーターの熱が当たらない場所で保管します。

Let's try!

1週間でお部屋もあなたも変わる!

月曜日

Mon

P.58〜P.72
参照

平日のはじまりは、ツキ（月）を呼ぶように玄関と、月のやすらぎを得られるよう寝室をきれいに。悪運のもとの「汚れ」「悪臭」「あふれ」を退治しましょう。

玄関

寝室

月曜日の神さま

ハエばらいで邪気を退散させ、魔法の剣で家庭を守る仕事運の神さま

呂《りょ》洞《どう》賓《ひん》

【生い立ち】
頭がよく、肝が据わっており、もともとは道教の学者でした。755〜805年に生きたとされています。武力ではなく、知恵とはかりごとで困難を乗り切りました。

【開運】
つねに剣を持ち歩いていますが、人を斬ることはなく、悪霊を斬るために持っています。ハエばらいで邪気を退散させ、どんな邪悪なエネルギーも家に入れない守護のパワーを授け、学業、仕事での成功をもたらします。

【吉方位】
家族と子孫繁栄をあらわす西を守ります。

月曜日 ［MONDAY］

仕事運の神さまをまねく！

週のはじめは月のエネルギーに満ちた寝室と、運気が出入りする玄関を清めます。「ツキ」を呼び込みましょう。

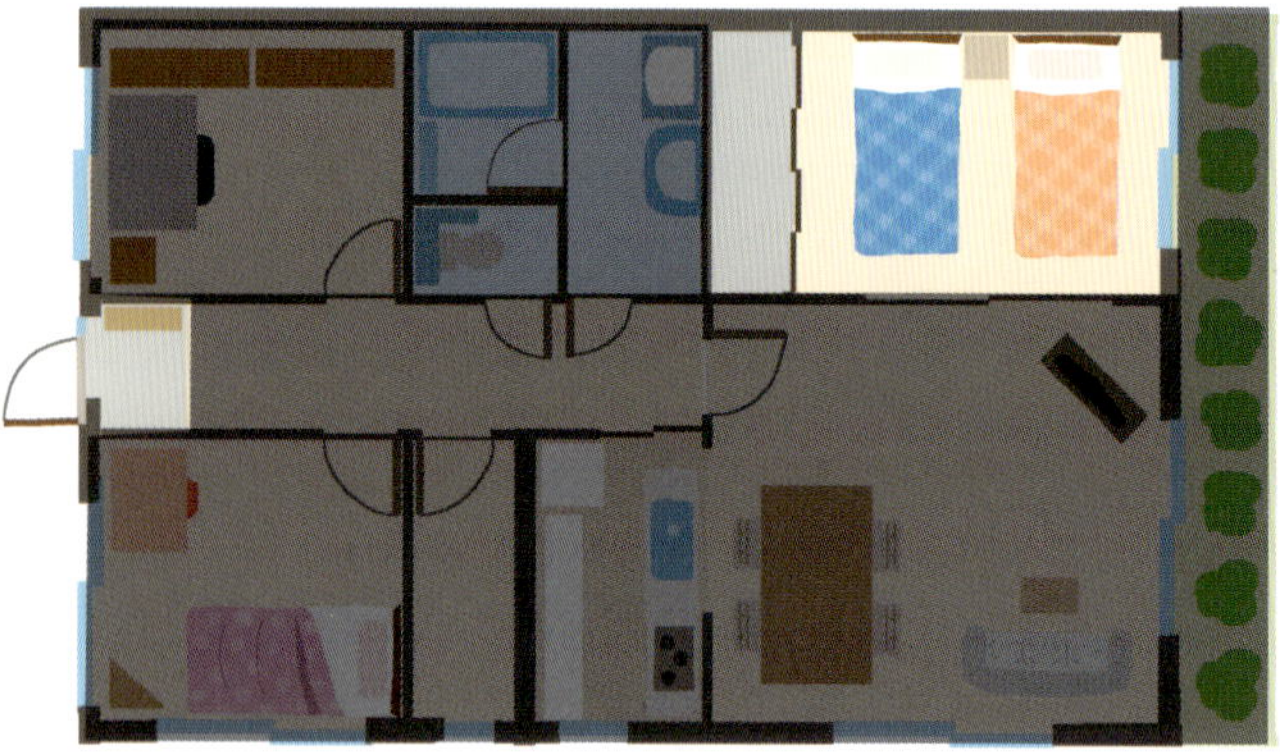

寝室を掃除するとどうして開運するの？

目に見えないエネルギーが寝ている間に幸運をまねく

よく「寝るだけの部屋だから少しくらい散らかっていてもいい」と言う人がいますが、それは大きな間違いです。

人は人生の3分の1を寝室で過ごし、睡眠中はまったくの無防備な状態にいます。つまり、寝ている間こそ、目に見えないエネルギーの影響を受けやすいのです。ほこりやものを溜めこまない、清潔な場所で心も体もリセットできるかどうかで、人生の成功が決まります。

寝室に置いていいものと、置いてはいけないものは？

寝具関係以外のものは一切ないのが理想

風水では寝具以外は何もないのが理想です。日中は使わないのだからと不用品置き場にしてしまう人がいますが、よい睡眠のために必要なのは、静かで安らかなエネルギー。落ち着いた陰の気がいつも満たされている状態にしましょう。たとえば運動器具など活動的なものは陽の気に満ちているので置くのはよくありません。

次のものにも注意しましょう。

・鏡……熟睡している間にさ迷い出た魂が鏡の世界に入ると、帰ってこられなくなるという話があります。作りつけで動かせないようなら、衝立を立てるか布をかけて防ぎます。ドレッサーならば、就寝中は扉を閉じておきましょう。

・テレビやパソコンのディスプレー……電磁波を発してエネルギーをかき回してしまいます。携帯電話もよくありません。不眠症で悩む人の寝室には、よくこれらが置いてあります。

・観葉植物、生きた花……木や花のつくる陽のエネルギーは、睡眠に向かうエネルギーとは真逆のもの。光合成する植物は昼に酸素を排出し、夜に二酸化炭素を出すため、夜の暗い時間は限られた空間であなたと酸素を奪い合ってしまいます。

・過去に死んだもの……ドライフラワー、動物の剥製など。陰の気が強すぎるため病気のもと。

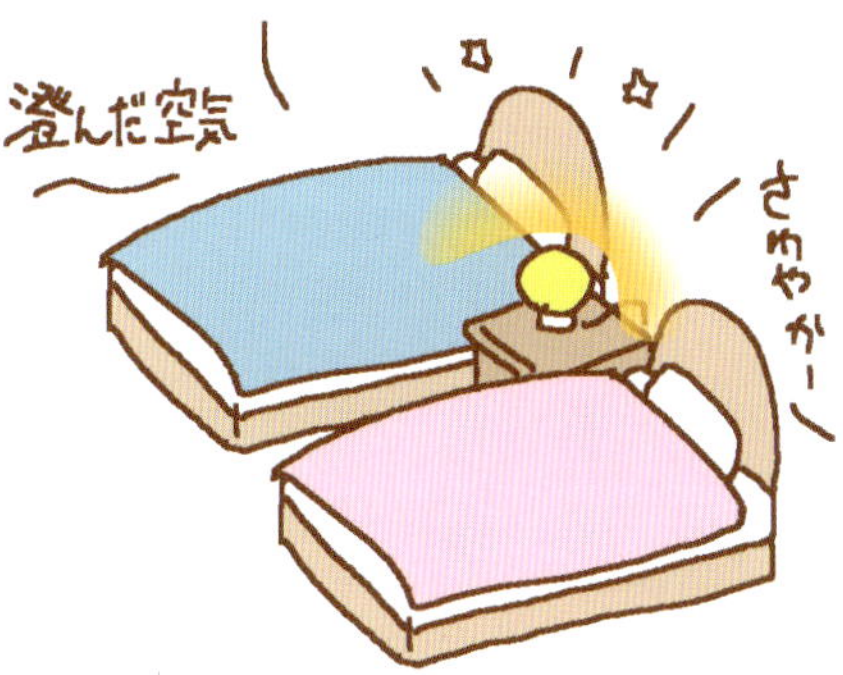

布団やベッドはどう配置するといい?

高級ホテルや旅館のスイートルームをお手本に

布団やベッドは出入口に近い場所では、気の流れを妨げるので運気ダウン。部屋の真ん中か、それより奥に配置しましょう。

頭の位置は壁向きにします。窓やドアに向いていると外からの気が始終入ってしまい、ゆったりできません。

寝ているときの頭上には、何もないようにします。たとえば、シーリングファンや吊り下げ式の照明があると就寝中ずっと殺気を浴びてしまい、イライラや不調の原因にもなります。

開運をまねくインテリアの柄や色を教えて

柄はシンプルに、色は目的に合わせて選びましょう

布団や枕、シーツなどのファブリック類やカーテンは、無地、格子、水玉、ストライプなど、シンプルな柄をおすすめします。

一方、派手な柄や幾何学模様はエネルギーの混乱をもたらす場合があり、日中溜めこんだ悪運がリセットできません。

カーテンの占める面積は大きいので、あまり疲れがとれないと思ったら買い替えましょう。

エネルギーの必要な方、子作りに励む夫婦などは赤い色でエネルギーを高めます。そのほか、ベージュやパステルカラーなどの落ち着いた色はよい睡眠へと導きます。

ただし、黒は陰の気が強すぎ、活力をダウンさせるので注意です。

部屋が狭いので衣類収納つきのベッドにしています

衣類に陰のエネルギーがうつり、運気ダウン

収納つきベッドは便利ですが、あまりおすすめできません。

寝ている間に出た寝汗、毛穴から出る老廃物など、陰のエネルギーが下の衣類にうつって、運気を下げる原因になります。

大事な睡眠のために寝具類をパワーアップさせるには？

太陽の恵みで浄化させ、リセット、パワーアップ

パジャマ、シーツ、布団類などは、天気のよい日に太陽の力で浄化させリセット、パワーアップさせましょう。

機械式の乾燥機よりも太陽のほうが断然強力です。もしも外干し禁止のマンションならば、カーテンを開けて光を入れ、室内用物干しに掛け渡して干し、太陽の恵みを受けてください。

たまにしか使わないお客様用の寝具も、干しもせず入れっぱなしにすると、陰のエネルギーを帯びて、大切なお客様との人間関係を悪くしてしまいます。晴れた日によく干していい状態をキープしましょう。

黄ばんだり臭いがついたりしたら、陰のエネルギーが溜まっている証拠。買い替え時です。

布団を収納するクローゼットや押入れが湿りがち

不用品は処分して、新しい空間に幸運をまねく

もともとクローゼットや押入れはふだん閉めてあるので、内部の状態は風水的にあまり影響しません。

けれど、何があるのかわからないというような「あかずの間」は、知らぬ間に自分の心も閉じさせてしまいます。

すべてに言えることですが、使わないものは「ないものと同じ」にはならないのです。使ってもらえないものたちが放つ陰のエネルギーを知りましょう。

広く、余裕のある空間にこそ幸運の気は流れます。

あまり出番がない客用布団や季節物は圧縮袋に入れ、ホコリよけ＆省スペースを兼ねましょう。

電気毛布やカーペットなど季節物をしまうのが面倒…

新しい季節の新鮮なエネルギーが受けられない

面倒だからと年中出しっぱなしにしていると、新しい季節が呼ぶ新鮮なエネルギーから恩恵が受けられなくなってしまいます。

季節の変わり目に、きちんと収納しましょう。長期間使わなかった寝具は干したり、風に当ててからしまいます。

出すときも保管してある間に強くなっていた陰のエネルギーを一掃するために、同じことをします。

寝室風水の開運アイテムを教えて

引き算のインテリアで飾るより、香りがおすすめ

寝室には最小限の家具しか置かない、つまり引き算のインテリアがおすすめ。

どうしても殺風景なのが気になるというときは、ポストカード1枚など、自分にとっての幸運のシンボルをひとつか、2つ選びます。

足りない運の補充には、ものを増やすのではなく、香りをうまく使うことです。

霊峰で採れた天然の質の高いお香が浄化作用を放ちます。香木にこめられた霊的な存在が人を守ってくれるのです。

ちなみに塩も浄化作用がありますが、葬式後のお清めとして配られるほど強力なので、寝室で毎日使うには強すぎるかもしれません。盛り塩を含む、塩を使った浄化儀式は特別なときだけにしましょう。

クローゼットの中がごちゃごちゃですぐ取り出せない…

日々の運気を決めるのがファッション

衣類はその服を着る人の運気を決める大事なものです。いつ着てもよいコンディションにしておきましょう。

また、着ない服をとっておくと、新しいものを選ぶセンスやお金がめぐってきません。

新しく買うときは、何と組み合わせてどこへ着て行くのか、TPOをシミュレーションしてから。

そうして選び抜いたアイテムが、幸運をまねくのです。

たくさんあるのに、着たい服が見つからないのはなぜ？

収納力が高く、スッキリ見えるクローゼットをつくろう

好きな服も、今は着たくない服も同じように並んでいては、選ぶのにも時間がかかります。

1日の流れをスムーズにするためには、クローゼットを機能的にしましょう。

ハンガーを薄手にし、向きをそろえるだけで、収納力は3倍アップします。扉を開けてすぐのところから中央に向けて、下段の表にある服（A）を並べ替えていきましょう。すき間に、吊り下げ型のラックやプラスチックケースをいれていくと、収納力が高く、空気の流れのよい空間になります。

■洋服ランキングをつくろう

Aをいちばん出しやすく配置。Dは捨てる可能性の高いもの。

（A）仕事着、普段着など、現在よくクローゼットから出し入れしているもの。

（B）休日や特別な用事の際に着る、お気に入りの服。

（C）フォーマルドレス、スーツ、コートなど。年に数回だが必要なもの。

（D）ほとんど着ないけれど捨てるのはもったいない。好きな服だがもうサイズが合わない。

着ない服の仕分けポイントは？

1年間着なかったら決断のとき

季節の衣替えとともに、着ない服の整理をしましょう。

このとき、「また着るかもしれないから…」と捨てられない人が多いのです。翌年の入れ替えのときにも、その服が必要になっていなければ、1年間着ていないのですから処分する道を考えます。

サイズアウトしたけれどまだ着たいと思える服は、人に譲ってもいい働きをしてくれるはず。その場で心当たりの友人に写真をメールで送って確認したり、リサイクルショップに出したり、次の行動にでましょう。

こうした入れ替えをこまめに行っていると、いつも現役の服ばかりで、いきいきと活動的なワードローブになります。

寝室を片づける基本ってあるんですか？

ほこりを取り除くこと。脱いだ服の扱い方に注意

寝具まわりに何もない状態に。本はほこりの温床なので寝る前の読書後は、寝具から離します。

クローゼットや押入れの扱いは、「脱ぐ・着る」をスムーズにするのが片づくコツです。寝巻や部屋着の置き場を作ること。帰宅後の服はハンガーにかけ、扉は寝るまで開けておくと湿気がこもりません。

洗う場合は、専用の布袋をかけておくと便利です。自分で洗うか、クリーニングに出すかは、あとで仕分ければ十分。

ベッドの下のほこりが気になる

新聞紙を広げて2枚敷く。湿気吸収になり掃除もラク

人は睡眠中のひと晩に、コップ1杯の汗をかきます。夏はそれ以上です。ベッドの下はホコリと湿気が多いので、風通しをよくします。

新聞紙を2枚、広げてベッドの下に敷きます。湿気吸収とともに、ほこりを浮遊させずに受け止めてくれます。そのまま取り出して丸めて捨てればOK。

あとは、残っているほこりを拭き取ります。手間がかからないばかりか、月に2回ほど取り替えるだけで清潔に保てます。

最近、ぐっすり眠れている感じがしない…

枕元の携帯は要注意! 睡眠と関係ないものは置かない

近年はいつなんどきも肌身離さず携帯やスマホを持ち歩いている人が多いですが、枕元に置いて寝るのはやめましょう。

携帯は電磁波を集めて陽のエネルギーを放つので、陰のエネルギーを必要とする睡眠を妨げます。スマホのディスプレーがむき出しの場合は、夫婦のトラブルや経済的損失をもたらす危険もあります。枕元にどうしても携帯を置く場合は、電源をオフにし、ディスプレーを下向きにしましょう。

ふとんや枕は干したほうがいいの？　やり方は？

風を通す、日を通すことは部屋の中でもできます

汗を吸い取ったふとんや枕は、日に干すのがいちばん。

でも、難しいですね。大切なのは、除湿です。

○窓を開けて、ふとんをめくる。
○ふとんを中表にしてたたむ。
○イスなどに干す。枕を立てかけて広い面に風を通す。
○ベッドの背に立てかける。

もっとも簡単な方法は、起きてすぐ掛けぶとんをめくって、温度を下げるだけでもOK。風を通すことが大事です。寝室のドアも開けてください。

ドレッサーが汚れやすく、ほこりもたまりやすい

ヘアケア、メイク、スキンケアの指定席をつくります

ヘアケアは油汚れや髪の毛の汚れ、メイク用品はこぼれた汚れ、鏡の汚れ、引き出しの汚れなど、汚れの性質が違います。

それぞれグループ別の指定席をつくりましょう。引き出しに入らないグループは、トレイに分けるなどして、ディスプレーをします。

手あかや油汚れなど、そのほとんどの汚れ落としには、手の消毒用のウエットティッシュがベストです。速乾性というのも、これらのグループにぴったり。

寝室の天井にあるシミや黒ズミが気になる

天井のシミは新しいチャンスや幸運を遠ざける原因に

部屋にとって空である天井が汚れていたり、シミているのは、いつも雨雲がある空のようなもの。そういう寝室で休息しても睡眠中に天からの幸運を受け取ることはできません。

新しいチャンス、思いがけない幸運を受け取りたいのなら、澄んだ青空のように天井をきれいな状態にしておくことです。

原因不明の不運に悩んでいる人は、まず天井を確認してみましょう。

たんすの中のものが捨てられずにいます

「ちゃんと収納しよう」という考えは捨てましょう

「整理しよう。きちんとしよう」と、思うから捨てられないのです。「いる」「いらない」、「使う」「使わない」で仕分けます。その際、決して「使える」という言葉は考えないでください。主語は自分です。迷い箱やとりあえずボックスもいりません。

「いらない」と判断したら、ごみ袋に入れます。そして、ごみ袋のまままたんすにしまいます。いったんごみ袋に入れると、ものは価値が下がり、捨てる決心がつくでしょう。

毛布の洗い方と干し方に基本はあるの？

洗える毛布は中性洗剤で洗い三角干しが乾きやすい

おしゃれ着洗い用の中性洗剤を使い、毛布洗いのコース、または最大水量、最弱流で洗えば繊維を傷めにくくなります。

毛布は、対角線にそって三角に干すのがおすすめ。水分が角に集まるため、早く乾きます。

ふとんなどの寝具はずっと同じものを使ってもいい？

古い寝具は健康・美容運を下げる

ふとんやマットレスは睡眠中に流れる汗と湿気によって、あなたが思っているよりも早く消耗します。

寝ている間中ずっと体と接するふとんの状態が悪いと、健康・美容運が下がる原因に。よく注意し、しっかりとメンテナンスするようにしましょう。

なんだか体調が悪い、顔色がさえないという方は新しいふとんに買い替えてリフレッシュするのが吉です。

部屋がジトジトしやすいとき

天気の日には窓を開け、湿気の高い日はエアコンの除湿を

梅雨で雨の続くときは、家の中より外のほうが湿度が高いもの。そんなときに窓を開けても、よけいに湿度が高くなります。エアコンの除湿機能をうまく使い、湿度が低い日には窓を開け、押入れやクローゼットの中も風を通しましょう。

押入れやクローゼットの隅に洗濯用の粉石けんのふたを開けて置いておくと、洗剤のほのかな香りも加わって、よけいな臭い取りにも役立ちます。

玄関をきれいにすると開運するのはどうして？

玄関は気の出入口。きれいにすると幸運がやってくる

人が出入りする玄関をきれいにすることで、良質な気が入り、家の中を流れ、そこで暮らす人にパワーを与えてくれます。ですから、玄関には気の流れを妨げるものは絶対に置かないでください。

たとえば、古新聞やダンボール箱などを放置しておくと、気の流れを妨げるだけでなく、そのものが負のエネルギーを放ちます。

外から入る負のエネルギーをシャットアウトするには？

玄関のたたきをピカピカにすると毎日リセットできる

玄関のたたきは、靴裏の汚れがつき、外からさまざまな負のエネルギーが持ち込まれやすい場所でもあります。

知らず知らずのうちに不運を受けてしまわないように、玄関のたたきは毎日きれいに拭き、床のエネルギーをリセットすることが大切です。

ピカピカに輝くたたきの上を負のエネルギーは通ることができません。きれいなたたきにすると幸運の気だけが舞いこむのです。

玄関の掃除と片づけの基本って何ですか？

アプローチと玄関から入ったときの印象です

ドアホンは、訪問者の登竜門です。周辺も拭き掃除し、外のドアも同様に。訪れた人をやさしく迎えること。

○靴は揃えておくか靴箱に。
○傘立ての傘は厳選して。
○スリッパの出しっぱなしNG。
○靴箱の上に置くのは、３つを限度に。

靴箱の中に、二層スポンジ、プチバスタオル、切った新聞紙を入れておくと掃除がすぐできます。雨が降った日は、履いた靴に丸めた新聞紙を詰めます。

他の人の家の玄関は、においが気になりますが…

自宅も同様です。慣れたにおいの原因を断つこと

ペットを飼ってない人は、ペットのにおいが気になる傾向が。お客様にイヤな印象が残ります。ペットハウスを清潔にして、シートはこまめに交換を。

玄関そのもののにおいは、靴箱に原因が。扉を全開にし、お酢スプレーをして10分以上放置します。そして手拭き用のウエットティッシュで棚を拭きます。

靴箱内の雑菌を一掃してもにおうようなら、気になる靴の中をウエットティッシュで軽く拭きとります。これですっきり。

履かない靴がいっぱい。でも捨てられない！

修理するかリサイクルに出して新たな靴の活用を

「履くと足が痛い」「かかとが脱げてうまく歩けない」…せっかく買ったのに、こんな理由でデッドストックになっている靴はありませんか？

早めに靴を「活かす」ための対策を考えましょう。まず、「お金を出して修理する」こと。または、「リサイクルショップなどへ持っていき、新たな靴の活路を見つけてあげる」ことを考えましょう。

なぜなら、放置すればするほど靴は古くなり、劣化していきます。

状態のいい靴を履くと、「地」のエネルギーを効果的に受け取ることができるのです。

玄関の開運アップのアイテムを教えて！

みずみずしい植物を置いて運気アップ

数多くの法則を持つ風水ですが、そのひとつ「八宅《はったく》風水」によれば、玄関のある方位は生気の必要な方位なので、それには植物と水が最高とされています。

つまり、詳しい法則を知らなくても、みずみずしい花や植物、いきいきした金魚の泳ぐ水槽を置けば、玄関は明るく強い空間に変わるというわけです。

生き物はお手入れが面倒という場合は、目的に合わせた幸運のシンボルをチョイス。金運アップしたいならインゴット、恋愛を求めるならハート形のローズクオーツという具合です。お正月ならミニ門松、まねき猫といったお正月飾りも加えたいもの。これらは新年の新鮮なエネルギー、春の清新な成長エネルギーに満ちあふれています。

玄関の空きスペースに鏡を置いてもいい？

気の流れを妨げない形、大きさなら◎

出かける前に身だしなみをチェックする意味でも、玄関に鏡を置く家は多いでしょう。広々と見せる効果もあるので玄関に置く鏡はラッキーアイテムです。

玄関と部屋をつなぐ渡り廊下などに作りつけられれば、気の出入りを邪魔しないのでさらに◎。狭ければ小ぶりの鏡を置きます。いかなる場合も玄関から入る気の流れを妨げてはいけません。

玄関正面の鏡は気をはね返してしまうのでNG。また、八角形の鏡は祓う力がとても強く、「あっち行け！」と追い払ってしまうので、やめましょう。丸形か四角形にします。

Let's try!

1週間で
お部屋もあなたも
変わる!

火曜日

Tue

P.76〜P.87
参照

キッチンまわり

火まわりは、キッチンのコンロまわりや加熱する調理器具、食器たち。昔から女性の幸せを生みだす場所です。「汚れ」を退治し、温もりと団らんの幸せを。

火曜日の神さま

蓮の花で女性の幸せを活性化させてくれる家庭運の神さま

何《か》仙《せん》姑《こ》

【生い立ち】

雲母という光る石を食べて神さまになったという麗説にふさわしく、八福神の中では唯一の女性。7世紀後半に生きたといわれています。

山野の奥深くに住み、空に5色の雲があらわれると降ります。降りるのは下界を見守るためともされ、深い母性と慈悲の存在です。

【開運】

「純粋」をあらわす蓮を持ち、女性の幸運を活性化させ、幸せな結婚運、家庭運をもたらします。

【吉方位】

結婚をあらわす南西を守ります。

火曜日 ［TUESDAY］

家庭運の神さまをまねく!

火のパワーが最高潮。燃える火をつかさどるキッチンまわりを中心に、料理後のこびりつきなどきれいに。

コンロは毎日掃除しなければならないの?

火をつかさどる神聖な場所。怠けると家庭運ダウン

キッチンまわり、とくにコンロは風水ではとても重要です。火によって食べ物にパワーが与えられるわけですから、そのパワーを下げないためにも、毎日の掃除でピカピカにしておきたいものです。

コンロまわりの汚れはその日のうちに。焦げつきは放っておくとこびりつきになってしまいます。きたないキッチンまわりでは、風水の神さまもやってきません。

キッチンをすっきりさせるには、何からはじめる？

ここは、使わないものの宝庫。減量しましょう

○鍋、ボウル、ざる。
○焦げた菜箸、先が溶けたフライ返し、研げない包丁研ぎ器。
○使わないパン焼き機やコーヒーミル、ミキサー、トースター、ホットサンド器、ワッフルメーカー、ホットプレートなど。
○季節の餅つき機、かき氷器、フォンデュ鍋。
○チョコレート型、ケーキ型、子ども用型抜き、アイスクリーマー、クリスマス・バレンタイン用の型など。
　思い当たりませんか。

料理しているとき注意することは？

火と水はできるだけ同時に使わないようにする

　コンロの「火」とシンクの「水」はどちらもキッチンに欠かせないユニット。「水」は「火」を消すので、風水でいう衝突となり、そのエネルギーはストレスや不和を引き起こすとし、コンロとシンクは離れていたほうがいいという風水師も少なからずいます。

　しかし、日本では両者はセットなので、あまり気にしなくてよいでしょう。

　キッチンにおいて重要なのは汚れを流す「水」ではなく、料理にパワーを与える「火」の力です。ですから、火を使って料理をしている最中には、少なくともシンクの水を流さないようにする、それだけで十分でしょう。

ガスコンロの落ちないこびりつき

泡湿布が効果的です。台所用洗剤と新聞紙を用意

シンクの上に新聞紙を広げ、五徳と受け皿（①）をはずし、①を並べます。ボウルに水を

コップ半分と台所用洗剤を3プッシュ入れて泡立てます。泡を①の上にのせ、ティッシュをかぶせ、新聞紙で包んで10分。あとは拭きとるだけで、つるつるピカピカ。

引き出しを整理しても、ごちゃごちゃになります

きちんと並べない。グループ分け、定量制に

火を使う道具類は、菜箸、フライ返し、お玉、ゴムベラなどグループ分けにし、同じ向きに。立てても、引き出しに入れても取り出しやすいです。

鍋やフライパンをつるすのは、見ためも悪く、ホコリや油汚れの温床です。出しておくのは、きれいなもの、いつも使うものに。どうしても出したい場合は、ピカピカにして。

同じ種類の道具が多くありませんか。引き出しは定量制にし、はみ出すものは処分を。

油汚れや魚焼きなどのグリル掃除はどうする？

重曹が活躍します。水スプレーもあると便利

火まわりは家内安全のもと。昔から重要ポイントです。

天ぷらやフライなどの残り油を捨てるときは新聞紙が便利です。切った新聞紙を丸め、油の中に入れておくと、10分ほどで吸油します。量が多いときは、新聞紙の量と放置時間を増やします。新聞紙1枚あれば十分です。

壁に飛び散った油汚れは、水スプレーをかけ、ティッシュか新聞紙を貼っておきます。2〜3分後、汚れがゆるんだらそのまま拭き取ってください。コンロやIHまわりもこの要領で。

こびりつきは、重曹をふりかけ、水スプレーをかけ、ティッシュで湿布し、汚れをゆるませてから拭き取ります。

魚焼きも同じ要領で。

ホーロー鍋の焼き色が重曹でも漂白剤でも落ちません

繰り返し、煮立てる方法も試してみて

「今すぐ落とさないと気がすまない」と急がずに、のんびりやる方法もひとつの手。

何をやっても落ちない場合、ホーロー鍋にかぎらず、鍋に水を半分入れて沸騰させます。弱火にして4〜5分煮立てた状態にすると、こげが浮かんできます。これを繰り返すうち、だんだんきれいになります。

仕上げに、キッチンペーパーにサラダ油など油分をつけ、表面をコーティングするとよいでしょう。

強い洗剤を使わずに換気扇をきれいにしたい！

台所用洗剤で泡湿布。汚れをゆるませてから

水100ccに台所用洗剤3～4滴を入れ、泡立て器などでかために泡立てます。換気扇を取り外し、油汚れに泡をのせてから、ティッシュペーパーやキッチンペーパーを貼り付けます。

20～30分すると汚れがゆるんでくるので、プチバスタオルで拭き取ります。

きれいになったら、換気扇の表裏に洗濯で使う柔軟剤を軽くぬりつけておくと、汚れが布で拭き取りやすくなります。

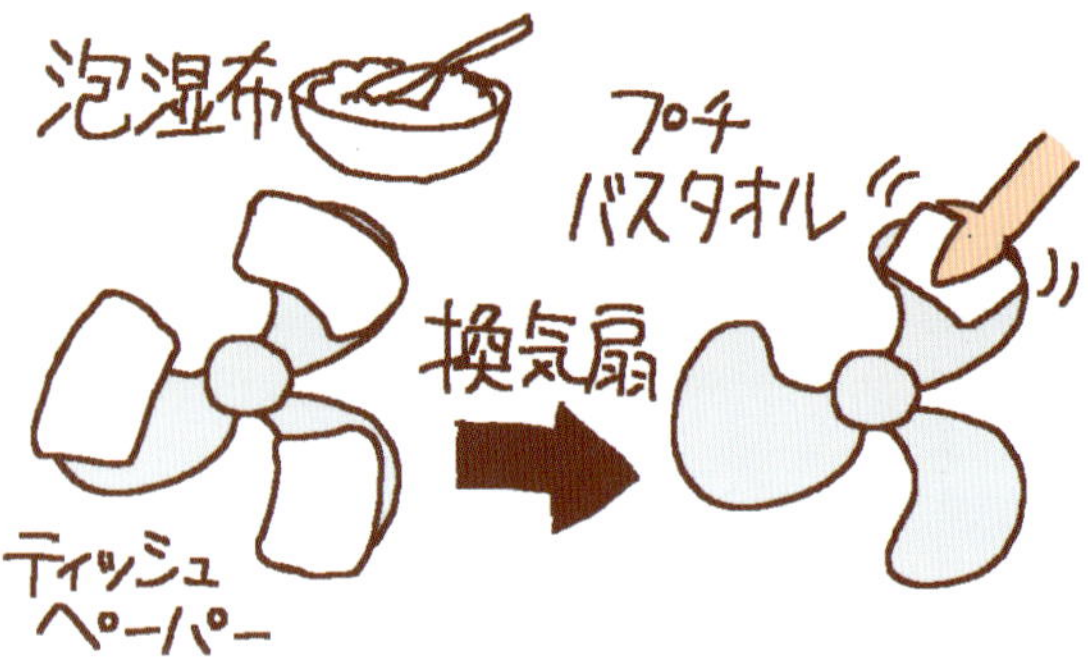

火まわりの家事の基本はありますか？

周囲にものを置かない。汚れたら、ゆるめて拭く

吹きこぼしや、油の飛び散り、料理中のソースの飛び散り、粉もののこぼれなど、よくあることです。食事後の片づけまでに処理すれば、簡単にもとに戻ります。そのままにするとこびりつきになり、周囲にものが置いてあると飛び火は拡大します。

吹きこぼれや油分をこぼしたら、新聞紙で吸水、吸油を。その後、拭けばラクにきれいになります。粉ものは、スポンジで掃き取ってから水拭きします。手あかはウエットティッシュで。

食事が楽しくない、なんとなく食卓が貧しい

食器や調理器具が陰のエネルギーを放っているかも

食事が楽しくないと感じたら、食器や調理器具が清潔かどうかを疑いましょう。

汚れがこびりついていたり黒ずみができていませんか？　これらは陰のエネルギーを発しています。

このような調理器具で作った料理が幸運をもたらすことは、まずありません。最悪の場合、健康を害したり社会的トラブルを引き起こしたりすることも！

また最近はフライパンや鍋を逆さにつるすタイプの収納を目にしますが、「食べ物がない」というようなことを象徴する不吉のシンボルなので注意。扉つきの棚やシンクの引き出しを活用して収納します。

刃物はすべての不運の原因となる殺気を発するので、包丁やすりおろし器、ナイフ類は必ず見えない場所へ収納しましょう。

生ゴミのにおいはガマンするしかない？

放っておくと美容運が下がる原因に

魚肉の血や骨、残飯や排水口ネットに残ったぬめりなど、キッチンの生ゴミは強力な負のエネルギーのカタマリ。

放っておくと美容運にも悪影響を与えます。

コンロからできるだけ遠ざけ、他の部屋に負のエネルギーが及ぶことのないよう、その日のうちに片づけるか、においをシャットアウトできるフタつきを選びましょう。

包丁を長持ちさせる手入れのコツは？

すぐ洗うこと、すぐ乾いた布で水気を拭くこと

包丁は、使い終わったらすぐに洗うことが重要。これは食材に含まれる塩分や酸がサビつきの原因になるからです。

洗ったあとは水気を拭くことも長持ちのコツ。プロの料理人は、拭きながら調理しています。

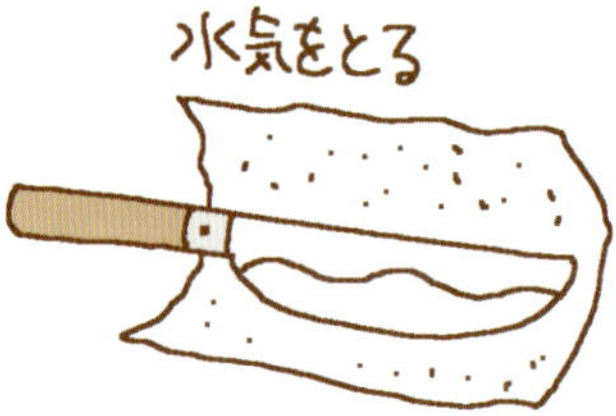

食器はどんなものを使ったらいいの？

質の高い食器は豊かな人生のシンボル

風水はもちろん、世界共通で質の高い食器は「豊かな人生のシンボル」と考えられています。食事は生命のエネルギーを直接体に届けるわけですから、それを運ぶ食器がいかに大事かはイメージできますね。質の高い食器を選び、毎日使うことで社会的に評価されたり、優秀な子どもに育ったり、確実に生活が豊かになります。ただし、いくら高級な食器でも割れていたり、古くて汚れているものは悪運の原因となるので処分しましょう。

似たような調理器具の仕分けポイントは？

1年以上使わない調理器具は運気を停滞させる

似たような調理器具がいくつもあって、結局使わない場合、用途が似ていたら基本的に新しいものを保管し、古いものを処分しましょう。

とくに、1年以上使っていないものは運気を停滞させます。また、古い調理器具は新しいものより電気代もかかる傾向があります。

「重い」「片づけが面倒くさい」と思うときはいさぎよく別れを告げたほうが運気もアップします。

高級な食器を普段使いするのは抵抗がある…

食卓から見えるところに飾るだけでも運気アップ

「高級な食器を使うと豊かになる」といわれても、とくに小さい子どもがいる家庭では、高級食器を普段使いにするのは抵抗があるでしょう。

そんなときは、手ごろな価格で品質のいい食器を使うか、食卓から見える場所に飾るだけでもかまいません。おすすめはゴールドの箸と茶碗です。家長が出世し、家族全員が恩恵を受けることができるようになります。

汚れの取れないグラスや食器を再生したい

グラスは湯気をあて、食器はメラミンスポンジで

グラスは一見、きれいに見えても、食器棚に入っていても汚れます。ひとつピカピカに仕上げると、その差は歴然です。試しにやってみましょう。

鍋に湯を沸かし、グラスを傾けて湯気を入れます。グラスが湯気でくもったら、あとは拭くだけでピカピカに。これは、ワインバーでもやっているプロの秘密のワザです。

湯のみやマグカップ、カップ&ソーサー、食器などのくすみや汚れは、メラミンスポンジでこするか、重曹をふりかけてこするだけでいずれもきれいに再生します。

再生したものを並べると、ヒビや欠けなどのあるものが粗末に見え、捨てやすくなります。

食器の開運アイテムを教えて？

季節に合わせて食器を変えるとパワーアップ

お皿、茶碗、湯のみ、箸置きにいたるまで、食器は風水の重要アイテム。

コンロの火と同じく、食事に絶大なパワーを与えます。

夏ならば涼しげなガラス、冬ならぬくもりのある土器など、季節ごとに使い分けると土の気の力でさらにパワーアップします。

割れたり欠けたりしたものは高級品でも運気を下げるので、すぐ処分しましょう。

開運する食品や食べ方ってある？

古い食品は運気もダウン。新鮮な食材を回転よく

火曜日は冷蔵庫の中を整理する日と決めましょう。冷蔵室の温度は上から下にいくにつれて高くなるので、上段には溶けては困るバターや鮮度の大切な豆腐類を入れ、トレイにのせて取り出しやすくします。中段には加熱したものを鍋ごと入れられるようあまり詰めこまず、下段を野菜ストックに。

整理がてら冷蔵庫の中を拭き、賞味期限切れのものは処分します。たとえ賞味期限が切れていなくても、古い食品からはパワーが薄れています。新鮮な旬の素材は値段も安く、栄養も豊富です。缶詰やレトルト食品は便利ですが、金運を下げムダづかいを誘発するので、あまり続けないようにしましょう。

使い捨ての食器類がどんどん溜まってしまいます…

1回使ったら必ず捨てて。日常使いは貧困の原因に

コンビニでもらったり、バーベキューをするときに買った使い捨て食器類を使い続けていませんか？

子どもの誕生会などで、紙皿、紙コップ、割り箸、プラスチックスプーンなど使い捨て食器を使うのはやむをえませんが、それらを日常的に使い続けるのは絶対にやめましょう。洗うのが大変だからといって使い捨ての食器を日常使いにしていると、貧しさから永遠に抜け出すことができなくなりますよ。

最近疲れやすい、肌あれ・便秘が続くと感じたら…

食器や調理器具を磨いて美容運アップ

輝く食器や調理器具は、食べ物のパワーを最大限に発揮させてくれます。高級レストランの器がピカピカなのは見栄えだけでなく、食す人にパワーを授けてくれているのです。家でもできるだけそのレベルを目指しましょう。

体をつくる食べ物はもちろんですが、それを運ぶものも健康や美容をつくるうえで直結しているのです。食器や調理器具のこびりつきやくすみが消えると美容運もアップします。

キッチンの壁と天井の油っぽい汚れが気になる…

高い場所はペーパーモップを使うと便利

キッチンには油を含んだ蒸気が立ち上り、換気扇をつけていても壁や天井に付着します。

プチバスタオルやキッチンペーパーに重曹水をスプレーして、ペーパーモップの先につけ、こすります。

出窓のカフェカーテンが汚れてきた…

つけ置き洗いで白い色がよみがえる

白レースのカフェカーテンは、油汚れでシミや黄ばみができやすいもの。

ポールからはずすと、布が油でベタベタとし、ほこり汚れの黒さに驚くでしょう。洗面所の洗面ボウルにぬるま湯をはり、ハンドソープを泡立てて入れます。カフェカーテンを10分ほど浸けて黒い水がなくなるまですすぎます。その後、おしゃれ着洗い用の洗剤で、手洗い、または洗濯機のソフト洗いで仕上げます。

家具や家電の取っ手が黒っぽく汚れてる…

取っ手の汚れ落としには、ウエットティシュで

キッチンの家具は調理しながら触ることが多いため、特に取っ手などの手が触れる場所だけがうす汚れてしまいます。

手指や皮膚の洗浄、消毒に使われるウエットティッシュ。使用欄をご覧いただくと、多種多様に使えることがわかります。

介護用や看護用の器具やベッドまわり、テーブルや部屋のすみずみの目に見えない汚れ落としに向きます。取っ手に使うのは消毒をかねて、一石二鳥です。

キッチンまわりの床がいつもベタベタする

床をきれいにしないと健康、人間関係が悪化します

私たちは生きるために必要な「地の気」、つまり地球のエネルギーを床から足で受け取っています。

その床が汚れていると良質なエネルギーを受け取ることができません。

それが十分でないと、私たちの生活のベースとなる健康面や、社会での人間関係に支障をきたす原因となります。必ずきれいな床の状態を保つようにしましょう。

コンロの下の収納は何が適している？

コンロの下は、鍋やフライパンなど火を使うもの

「炒め物が多く、みそ汁は必ず作る」「パスタが多い」「何でもかんでもフライパンで作る」など、家の料理には個性がありますよね。そのまま流用してください。よく使うものは、すぐ取り出せる指定席を。たまに使うシチュー鍋などは奥に、というふうに収納しましょう。

収納は単にしまうだけでなく、いつも使うものは取り出しやすく、指定席確保が鉄則です。

ちなみにシンクの下は、ざるやボウルなどすぐ使えるものを。

封を開けていない食品がごっそり

定期的に在庫を管理して食べ物をムダにしない

乾麺、缶詰、レトルト食品などの長期保存食品も、そのままにしておくとカビが生えたりして食べられなくなります。いつ我が家にやってきたかがわかるようにシールなどで日付を記録し、定期的に在庫管理が必要です。

食べ物をムダにする生活は、いい運気を呼びません。化粧箱入りの食品、紅茶缶などいただきものの在庫は、早い時期に地域のバザーなどに出して活用しましょう。

非常食は、どこに置いたらいい？どのくらいが必要？

食品のストックボックスに袋に入れて分けます

災害用非常食の備蓄は、3日分もあればよいといわれています。また、非常食の保存期間は食品によって1～3年間程度です。それ以上に保存してありませんか？

食品庫をいつも新鮮に保ちましょう。

水曜日にいく前に…ちょっとブレイク！

月曜日の神さま

呂洞賓と

火曜日の神さま

何仙姑 以外に、

実は、月・火曜日をつかさどる
張果老という万能神さまがいます。

月・火曜日の神さま

仕事&家庭運をパワーアップさせてくれる神さま

張《ちょう》果《か》老《ろう》

【生い立ち】
7～8世紀の唐代に生まれましたが、生まれたときにはすでに数百歳の老人だったという、ベンジャミン・バトンのような数奇な人生を歩みました。嫌なことは死んでも嫌だという主張がはっきりしています。いつも竹筒の太鼓を携えているのが特徴です。

【開運】
夫婦には子宝を授け、発展と成長をもたらします。予知夢で未来を知らせてくれることもあります。

【吉方位】
仕事運をあらわす北を守っています。

1週間で
お部屋もあなたも
変わる!

水曜日

Wed

P.92〜P.103
参照

部屋のすべてをつかさどる水まわりは要のエリア。5大悪運が潜みますが、「清らかな流れ」を願ってリセットします。人間関係のストレスも解消しましょう。

浴室

洗面所

水曜日の神さま

カスタネットの音色で人を惹きつける人間関係運の神さま

曹《そう》国《こく》舅《きゅう》

【生い立ち】
宋国のお后の弟という尊い生まれですが、人をあやめてしまい、罪を恥じて山に入ったとも、親戚の罪をみずからかぶったとも伝えられています。「人の生きる道は天が示し、その天は心の中にある」とした、禅問答のような哲理が有名です。

【開運】
音楽好きで、カスタネットをお守りとして持ち歩いています。その音によって人が引き寄せられ、人気と地位を得て、周囲から評価されるようになります。

【吉方位】
人間関係運をあらわす北東を守ります。

水曜日 ［WEDNESDAY］

人間関係運の神さまをまねく！

「汚れ」「「散らかり」溜めこみ」「悪臭」「あふれ」と、
5大悪運の巣が水まわり。シンク、浴室、洗面所は要注意。

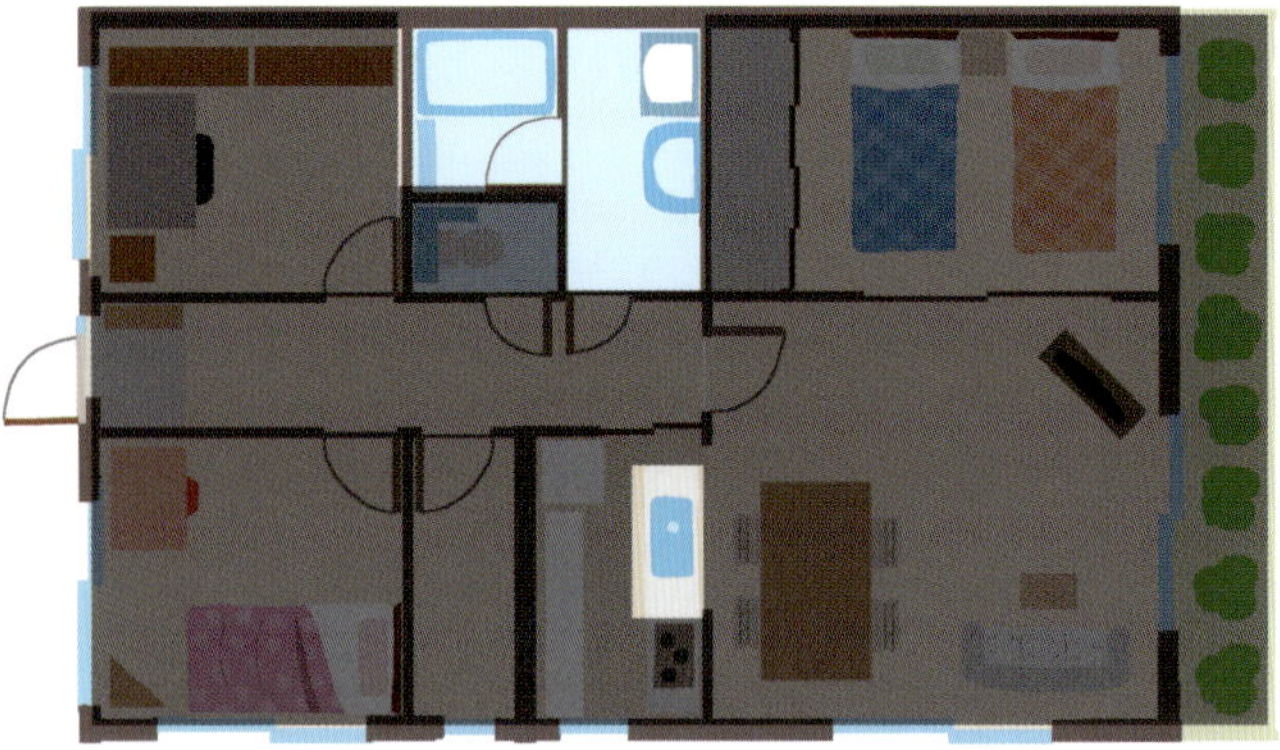

水まわりの掃除はどうして大切なの？

いつもきれいにしておくことで悪運を流してくれる

風水ではシンク、浴室、洗面所などの水まわりを清潔な状態に保つことはとても大切とされています。

なぜなら、「水が流れる」ように運気を左右するからです。水まわりをきれいにすると、自分自身も浄化され、運気の循環もよくなります。

水は悪運を「流す」パワーもテキメンなので、汚い水を溜めこまないよう、そして、きれいな水がいつも流れるようにしましょう。

毎日ささっと乾拭きするだけで水気は取れますが、それでも溜まってしまう汚れは週に一度水曜日にリセットすれば、家中に清々しい気が流れ出します。

水まわりをきれいにすると運気を下げないことができるのです。

また、換気も大切です。浴室、洗面所の換気扇がきれいに回っているか、チェックしましょう。

ちゃんと換気ができていれば、負のエネルギーが家の他の場所に流れるのを防げますし、新鮮ないいエネルギーが入ってきます。

シンクまわりの3大掃除風水ポイントを教えて

キッチンマット、排水口、生ゴミをきれいに

じめっとしたキッチンマット、ぬるぬるした悪臭の漂う排水口、放置した生ゴミは、美容・健康運、人間関係運、金運ダウンのはじまり。

どれも食材の汁、野菜の泥、魚肉の骨・血、油はねなどを集中して溜めこむものです。

毎日料理するならばこの3つをきれいにしてください。

キッチンマットは火の気の流れを中和できるのでぜひ敷きたいもの。汚れに気づきやすい明るい色のものを使うのがおすすめです。汚れると逆効果なので、定期的に洗濯しましょう。

健康的な食事をするだけじゃ力はでない？

まな板の汚れは食事自体のパワーダウンにつながる！

みなさんはまな板をどのくらいの頻度で買い替えていますか？

実は料理の品質を左右するのはまな板です。いくら新鮮でおいしい食材を使っても、まな板が古く汚れていたら食材のエネルギーは下がってしまいます。直接口に入れるものを作るまな板はとても大事です。表面をまめに削ったりして、メンテナンスをするのもいいのですが、季節が変わるごとに買い替えるなど、時期を決めて習慣化することをおすすめします。

シンクをピカピカにしたい！

切った新聞紙とお酢スプレーで湿布します

「ピカピカに磨く」というと、力が必要に思われます。でも、お酢スプレーの湿布ならカンタン。シンクの側面に切った新聞紙を貼り付けながら、お酢スプレーを吹きかけます。

10分ほど放置したら、この新聞紙をまとめ、それで全体を拭きます。

また、側面に湿布したまま洗いものをし、仕上げに拭いて「ながら掃除」も。普段は水気を取るのがきれいにするコツです。

節約生活をしてもお金がたまらないのはなぜ？

排水の汚れは金運も流れてしまう原因に

水の流れの一種である家庭の排水は、金運を大きく左右します。排水溝まできれいにするのは業者さんにお願いしたり、特別な措置が必要なので普段はできませんが、せめて排水口のまわりは清潔にして水の流れのよい状態を保つようにしましょう。汚れたり、排水の流れを妨げるような詰まりがあると、お金の流れも悪くなります。シンクのカビは細菌レベルで口に入れる料理のパワーを奪い、美容・健康運を下げる原因となります。

水切りカゴの底がいつの間にかカビだらけ

ステンレスボールと重曹でこする

水切りカゴと排水口はカビの温床。中でも、ひっくり返した底の部分と受け皿の中、そして箸立てが危険です。カビやぬるぬるの気になるところに重曹をふりかけ、スポンジのかたい部分やステンレスボールでこすって磨きましょう。

ストッキングをくるぶし部分で切り、中にステンレスたわしを入れてしばるだけ。このステンレスボールがあると、水まわりのこびりつき落としに便利です。たわしに汚れが入りこまず衛生的で、速乾です。

カゴをそのままこするか、重曹をつけてこすればＯＫ。

排水口のぬめりと流れの悪さが気になる

排水口は気の流れの要。いつも清潔にして運気アップ

シンクをはじめ、浴室、洗面所など外水場の排水口は細心の注意を払いましょう。

排水口のぬめりは雑菌です。そこから悪臭を放ち、放っておくと詰まってしまい、そこから強力な陰のエネルギーが入ってきてしまうので、食事も楽しくなくなってしまいます。

いつも清潔で、気の流れのよい排水口を目指しましょう。

まな板のにおいや黒ずみはどうやって落とすの？

粗塩をすりこんで消臭・除菌。黒ずみはレモンか酢で

食中毒を防ぐためにもまな板を清潔にするのは大切。生臭いときは、まず台所用洗剤をたっぷり泡立てて、スポンジで両側の面だけでなく側面やフックのついているところもよく洗います。次に粗塩をふりかけ、ブラシでゴシゴシこすって洗い流します。

まな板の黒ずみが気になるときは、酢をかけて30分ほど置くと漂白と除菌効果もあります。

最後に熱湯をかけ、早く乾くように立てかけて保管します。

ふきんやスポンジがすぐ汚くなってしまう。どうすれば？

新聞紙の吸湿性を使いましょう

古いスポンジやふきんは食器などに悪い気をつけてしまいます。洗ったつもりが汚していることにならないよう、汚れたらすぐ交換を。食器はすぐに洗えば汚れも落ちやすく、スポンジもさほど汚れません。

食べ残しや油は排水口のごみネットに開けず、新聞紙でさっと拭っておきます。インクが水気を吸ってくれる新聞紙は水まわりの強い味方で、シンクの掃除にも活躍。

ふきんを上手に使うコツを教えて？

台ふきんはスポンジで、食器拭きはいつも清潔に

食器をピカピカに洗っても、それを拭くふきんが汚れてきていませんか？「食器用にはおろしたてのふきんを使う」とか「台ふきんとして汚れたら、シンクやコンロの掃除に使うプチバスタオルに」など、ふきんの〝ＴＰＯ〟を作りましょう。

また、汚れた台ふきんを干すのは見た目も悪いし、非衛生的です。

おすすめはスポンジ。吸水性に優れ、かたいほうとやわらかいほうを使い分けます。終了後はお湯をかけ、冷めたらしぼります。

＊ふきんの煮洗い

食器拭きふきんを、新しい状態に保つには、煮沸がおすすめです。

大鍋に1～2リットルの水を張り、ふきんと台所用洗剤か粉石けんを大さじ2くらい入れて沸騰させ、火を止めます。そのまま冷めるまで放置し、ふきんを取り出して水ですすいで天日干しします。

汚れたタオルにも使えます（ふきんとは別々に煮洗いをしましょう）。

キッチンの水まわりに便利な洗剤や道具は？

台所用洗剤とお酢スプレー、重曹、スポンジが基本

毎日使うには、この4点セットは基本の道具です。リセット掃除には、メラミンスポンジとストッキングボール、ステンレスボールを追加すると強力な味方になります。

ステンレスボールは、ステンレスたわしをくるぶし部分まで切ったストッキングに入れて使うと、こびりつきをソフトに掃除。ストッキングボールは、ほこり落としや磨きに、強い味方になります。

蛇口まわりをきれいに見せたい

メラミンスポンジまたはストッキングで

毎日洗っているつもりでも蛇口まわりに汚れが溜まるのは、水分をしっかり乾燥させないせいもあります。蛇口の水の出る部分からシンクにつながった根元の部分まで、くもりやぬるぬるの気になるところをメラミンスポンジ、またはストッキングで磨きましょう。

蛇口がピカピカになっていると、キッチン全体がすっきり輝いて見えます。

お風呂や洗面所の掃除はなぜ大切なの？

外からついた悪運をリセットする大切な場所

お風呂も洗面所も排水口があり、水がエネルギーを流し出すところです。

お風呂ならば、外でついたほこり、排気ガス、汗などが毎日洗い流され、洗面所なら、化粧汚れや歯磨きの汚水、手洗いしたときの雑菌などが毎日流されています。

基本的には、トイレと同じ排泄物を流す場所なのです。

他の場所でついてきた悪運をリセットできるよう、しっかりきれいにしておきましょう。

水まわりの鏡はどうしてもくもるし、汚れやすい

汚れを放っておくとすべての言動が裏目にでる

トイレで便器を映す鏡を飾っている人は、すぐにはずしましょう。排泄物を映してしまうトイレの鏡は不運を増大させてしまいます。

お風呂や洗面所には、鏡はどうしても必要なのであってもかまいませんが、湿気や化粧品でくもったり汚れたりしやすいもの。

放っておくと負のエネルギーの原因になり、あなたの言動がすべて裏目にでるようになります。毎日拭くようにしてください。

もしも鏡に汚い洗濯場が映ったりすると、不運の影響が倍になります。

鏡の向こうの世界がきれいに映るように磨きましょう。

毎日洗濯する時間がなく洗濯物が溜まってしまう…

溜まった洗濯物は不運のかたまり

衣類の汚れは時間とともに細菌が繁殖し、不運の原因となる負のエネルギーを放ちます。すぐ洗濯できない場合は、家族に悪影響を及ぼさないようフタつきの洗濯物入れへ。

カゴの場合は上にタオルをかけるなどして、不運をシャットアウトしてください。

掃除をしてもカビがすぐ生えてしまいます

カビは美容・健康運がダウンするもと

掃除をしても、洗剤水をそのままにしておくと赤カビになり、そこから水あかが溜まって黒いカビが発生してしまいます。　カビは菌の繁殖なので、せっかくのバスタイムがリラックスタイムになりません。

美容・健康運にも影響するので、使ったらバスタオルで拭くなどして湿気を取り、換気扇を回しておきましょう。

浴槽の掃除は専用洗剤でないとダメ？

ハンドソープ、ボディソープ、粗塩がおすすめ

「あるべき場所にあるもので十分」というのが、きさいち流です。ものを増やさず、またそのほうが「灯台下暗し」で、実は最適な道具でもあります。

普段の掃除は、ハンドソープかボディソープを少量、スポンジにつけて泡立ててから使います。香りもいいし、体にも浴槽にも安心。

リセット掃除には、お酢スプレーで湿布または、お酢スプレーとステンレスボールがあれば強力です。

掃除を怠ける以外に凶のアイテムは？

シェーバーやかみそりなどの刃物

直接肌に触れる刃物は、本当は洗面所には置かないほうがいいほど。

錆びて刃の傷んだ状態になってしまったらたいへん！　刃はまめに交換し、使い終わったら洗って乾かしましょう。刃物の清潔を保つことは、使う人の成功をも左右するのです。

入浴後、髪の濡れたまま寝るのも厄をつけてしまい、凶。ちゃんと乾かして。

浴室の汚れを取る具体的な方法は？

壁と床、洗浄用品、イスと湯桶類、浴槽、窓に分ける

湯あかは、石けんと水道水のミネラルが合体してできるアルカリ性の汚れです。そこで、酸性の酢水をスプレーしておくと中和され、汚れが簡単に落とせます。

まず、浴槽の内壁に重曹を振ってから酢水をたっぷりスプレーし、ティッシュペーパーで湿布しておきましょう。その後、スポンジでこすります。

浴室は汚れの宝庫なので、頭の中でこの5ゾーンに分けると、掃除しやすいです。

壁と床、排水口の黒汚れ（カビ）は、お酢スプレーをかけてからステンレスボールで磨き落とします。洗浄用品やイス類のぬるぬるはお酢スプレーとスポンジで、浴槽はボディソープとスポンジで落とします。窓は開閉をまめにし、水滴を拭くこと。ドアも浴槽の湯が冷めたら、30分ほど開けて風を通します。

浴室の片づけの基本はあるの?

体を洗う位置と、湯船に入ったときの目線に注意を

浴室はリラックス空間です。ここにいるときの目線に注意すれば、すっきりします。

湯船につかったとき、掃除道具やごちゃごちゃが見えないように死角にものを置くのがコツです。洗浄用品も余分に置いていないか、中途半端に残ったままにしていないかチェックを。

浴槽のフタなど、カビが落ちないものは、非衛生的なので捨て時と考えます。

洗浄用品など置いたままにするものは水切りがよい状態に。

浴室、洗面所の水まわり収納で気をつけるのは?

入浴グッズやストックなど使わない物置にしない

ぬるぬるするぬめりの原因は、赤カビといわれる赤色酵母菌です。お酢スプレーをかけてスポンジでふきとりましょう。外側だけでなく、イスをひっくり返して底の部分や、洗面器の裏側などもよくチェック。見えにくいところに菌がはびこりやすいので、汚れを見逃さないように。

赤カビは、浴室がぬれたままだと壁や天井、お風呂のフタなどにも発生します。

浴室、浴室まわりが入浴グッズの山となっていませんか?よく見かけるのは子どものおもちゃ類やシャンプーハット、アロマオイル、ボディタオルやボディブラシ、入浴剤、試供品、ホテルから持ち帰りのひげそりや歯ブラシセット、くし、シャワーキャップ、お風呂用品のスペアなど。

洗面所には、アクセサリー、化粧品、化粧道具、洗剤や洗濯用品、タオル類。

ここも部屋です。小さいので捨てるレッスンになりますよ。

シャワーヘッドの汚れや目詰まりをとりたい

重曹をふってから二層スポンジのかたいほうでこする

シャワーヘッドや蛇口など、お湯が出てくる穴には湯あかが溜まり、目詰まりしやすくなります。シャワーヘッドや蛇口の穴に重曹をふり、二層スポンジのかたいほうか、ステンレスボールでこすります。

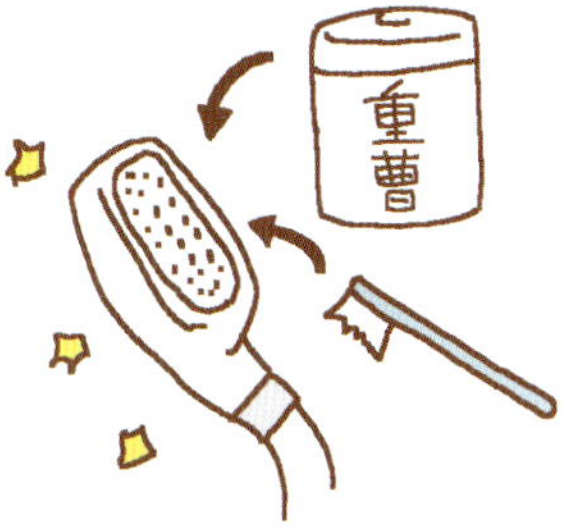

敷いたままのバスマットが臭くなる…

使ったらすぐ乾かしてカビを予防

脱衣所に敷いたままのバスマットの裏をめくると、ほこりや髪の毛でいっぱいかもしれません。そうしたゴミと湿気が混じり合うと、カビを発生させます。脱衣所や浴室が生臭くなる原因です。

バスマットは毎日よく乾燥させ、お風呂から出たら、小さな洗濯ハンガーやドアなどに干しておきましょう。ぬれたままにするとカビやにおいのもとです。

脱衣所の洗面台がザラザラして汚い…

カルキ成分を取ればピカピカに

洗面ボウルがザラザラするのは、水道水のミネラル分がほこりと混じり合って汚れを作るから。これをつるつるにするにはボウルに重曹をふりかけ、お酢スプレーして、5分ほどおきましょう。その後、かためのスポンジでよく磨き、水で洗い流します。

また、洗面台の鏡は、歯磨き粉の飛び散りや水はね、手あかなどで汚れやすいもの。メガネ拭きできれいに落とせます。

1週間で
お部屋もあなたも
変わる!

木曜日

P.106～P.118
参照

床やドア、家具たちの原材料の木は山からの恵みです。大切に扱うことで、愛を育みます。周囲に「汚れ」や「散らかり」がないようにしましょう。

床

ドア

家具

木曜日の神さま

性別を超えて愛される異性との関係を育む恋愛運の神さま

藍《らん》采《さい》和《わ》

【生い立ち】
少女とも、少年ともいわれる、2つの性を持ちあわせています。長い拍子木でリズムをとりながら歌い踊る、街の人気者。花かごを持ち、どんな魔力か、歳をとることがありませんでした。

【開運】
女性の幸せの象徴ともいわれる「花」を持ち歩き、美容と健康、人間関係、そして学問と、多彩な幸福を結婚前の乙女にもたらします。

【吉方位】
支援および協力者をあらわす北西を守ります。

木曜日 ［THURSDAY］

恋愛運の神さまをまねく！

床は家の中の大地、廊下は部屋と部屋を「ツナグ」。
日本人の生活は「木」でできている。

床が汚れているとどんな悪いことがあるの？

床は家の中の大地。生活の根底が揺らいでしまう

床は家の中の大地であり、生活の安定、精神の安定を意味します。ものが散乱していなくても床がホコリだらけだったりすると、人は足で踏むものから運を得るので、そこから運気がダウンします。

収入があったりなかったり、恋人が急に離れていったりと、不安定な出来事が続いてしまうかもしれません。床をピカピカにして、よけいなものがないようにするだけで好転します。

木のパワーを最大限に受けるには？

炭や香木など天然の浄化力を活用して

木の力を封じこめた炭は、冷蔵庫、キッチン、洗面所といった水気のある場所で不運を吸いこむパワーを発揮します。

とはいえ、湿気のひどい場所に置くと1日でキャパシティーを超えてしまうこともあるので、週に一度は熱湯で煮立て、日に干して再生します。

また、香木もラッキーアイテムです。高山で採れた質のよい香木は空間を浄化する力も強力です。

化学合成されたお香は自然界にないにおいであることが多く、レベルの低い霊を呼ぶとも言われているので注意しましょう。

木まわりの掃除や片づけって、どこをやるの？

床・廊下・階段・扉・家具・棚・和室・木製品です

木の掃除の基本は、から拭きです。でも、ベタベタ汚れや何かこぼしたときは、きちんと手当てを。ベタベタ部分は、お湯でぬらしたプチバスタオルで。または、お酢スプレーをかけてからお湯拭きします。

こぼしたらまず吸水を。なぞるように拭くと拡大します。切った新聞紙を置くか、スポンジを使うかで吸水の応急処置をします。

家電の近くの木まわりは、静電気を吸収するのでホコリ対策を。

床を拭いたと思ったらすぐホコリが溜まる

ホコリの溜めこみは悪運を呼び寄せます

人がバタバタ動いているうちは服のホコリが落ちてくるので、掃除をしてもムダ。朝、家族が起きる前にやるのがベストでしょう。

ホコリは風の通りにくい隅に溜まり、そこから悪い気が広がっていきます。掃除をするときは窓を開けてやりましょう。風の通り道は、そのまま外から入る気の流れです。

時間がないときは、ホコリが溜まっている隅だけでもきれいにして、運気アップを。

階段や廊下の隅にホコリが溜まってしまう

ホコリは四隅と左右、突き当たりに溜まります

廊下を歩くと、ホコリは左右に逃げます。階段を上り下りすると、継ぎ目にホコリは逃げます。部屋の中では、ホコリは四隅に逃げます。動かさない置き物に、ホコリが溜まります。つまり、そこをしとめましょう。

廊下が広いので物置にしています

玄関から廊下にかけては大切な気の通り道

広い廊下は広いまま使うこと。隙間、空間、遊びがあるからこそ、風も気も流れるのです。物置にせず、使わないものはちゃんと収納すること。

お客様をお迎えするための小さな飾り台やミニテーブルくらいはあってもいいですが、その場合も気の妨げにならないよう、置き方に十分配慮してください。

節電のため内玄関や廊下はいつも暗くしています

気の通り道が暗いと陰のエネルギーを生み出す

気の通り道である廊下や階段が暗いと、陰のエネルギーをつくります。節電を心掛けるのはいいことですが、夜も節電モードだとお金をなくすなど、電気代が浮いた分よりもっとネガティブなことが起きるかもしれません。

深夜でもフットライト程度はつけておき、完全に陰となることは避けましょう。

部屋のドアは意外と汚れている！

まめにから拭き。寝室のドア掃除で快眠を

部屋の中のそれぞれのドア、和室ならふすまもきれいにして。

木製のドアならば、特に寝室のドアは寝ている間に悪い気が入るのを防ぎます。ぬらしてかたく絞ったプチバスタオルで汚れを拭いてから全面をから拭きします。

ドアこそ開運を切り開くもの。いつもきれいにしておくと、自分の望むチャンスが継続的におとずれるようになります。

和室の柱はどう扱えばいい？

普段は乾拭きで。色がつくほど汚れたらぬらす

大黒柱というように、柱は家の安定をつかさどる大事な存在です。大切に扱い、掃除も水拭きは避けます。シミができないように乾拭きし、手あかや黒ずみが目立つなら、プチバスタオルをぬらし、電子レンジで加熱するか、お酢スプレーをかけてから汚れを軽くたたいて落とします。

風水では、柱の角が尖っていると殺気をつくることがあるとされています。角の前には長時間座らないようにし、特にお客様を迎えるときは布でカバーをすると、意味のないケンカを防げます。

覚えておいたほうがいい和室の掃除の基本は？

「畳の目に沿って奥から出入口へ」が基本

誤解、すれ違い、物忘れなど、これといって原因のないささいなトラブルが続いたら、畳の目によどみが溜まっていないか点検！

畳を傷つけないようにきれいにするには、掃除機も拭き掃除も畳の目に沿って行うのがコツです。

ベタつきや畳の目につまったゴミが気になるときは、粗塩をまいてプチバスタオルでかき集めるようにすると、塩が汚れを吸着してくれます。

仕上げに掃除機をかけて、塩を残さず吸い取りましょう。

床の場合も同様に、奥から手前に拭き、後ずさりしていきます。

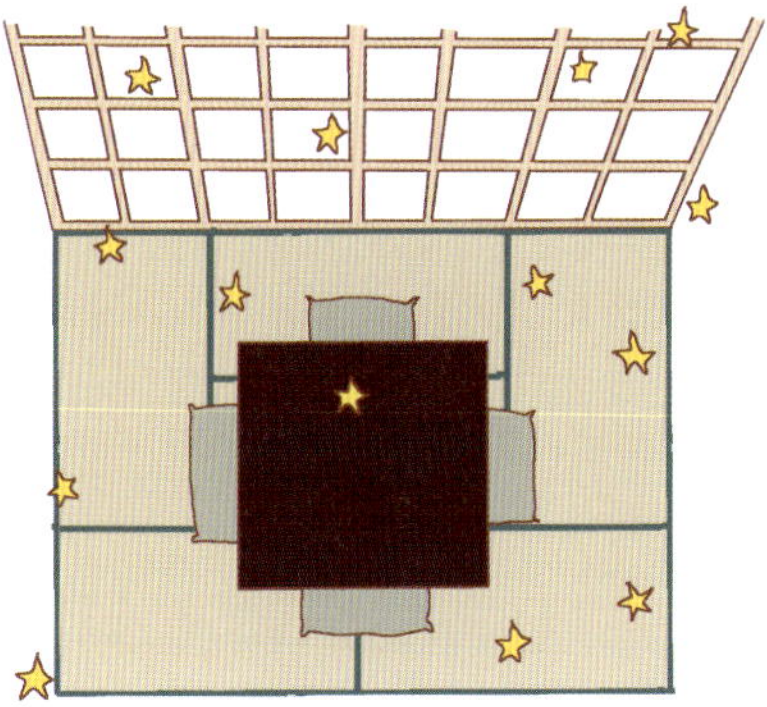

天井ってどうやって掃除すればいいの？

柄のついたペーパーモップを使って

天井は文字通り、家の「天」にあたるので、風水の大事な場所です。掃除をするとつい床ばかりに目がいきますが、週に一度は天井をチェック！　特に冬は、暖房で暖められた空気が上に昇り、天井をくすませてしまいます。柄のついたワイパーにドライタイプのシートを取り付け、さーっと軽くこするだけでもきれいに。

古くなった天井の壁紙は交換しましょう。汚れが目立つからと暗い色にするのは×。風水では黒は水をあらわし、頭上に水があるというわけで、高い位置から流れる水がさまざまな危険をもたらします。白か、明るい色がいつも天にあるようにしましょう。

使いやすくてきれいな食器棚にしたい

お掃除を兼ねて棚の入れ替えを

今使いたい、大好きな食器を手前に並べ、出番の少なくなった食器は棚の奥、または処分品として収納へ。乾いたふきんで棚を拭きながら、気づいたときに移動させましょう。

食器棚のほこりが取れて、見栄えも使い勝手もよくなります。

扉や引き戸がついている食器棚は、取っ手や戸のレールにほこりがたまります。柔らかいブラシやミニほうきなどでほこりを掻き出し、拭き取りましょう。

ほこりが溜まる場所で見えないスポットは？

背の高い家具の上や棚の仕切り・裏側・下側・壁

天井や壁、家電製品や家具の下や背面など、ほこりは目に見えないところにこそ溜まっていきます。

下ばかり見て掃除をすると、上からや側面から降ってきます。ほこりだけなら、ストッキングボールが家具掃除にぴったり。油を含んだほこり汚れには、台所用洗剤を薄めた液を吹きかけ、プチバスタオルで拭き取ります。すきまは市販のハンディモップに頼ってもよいでしょう。

障子の桟のほこりをラクにササッととりたい

ストッキングボールを使うと、ラク

細い障子の桟には、いつの間にかうっすらほこりが溜まります。ストッキングボールでなぞって拭くと、上下左右のほこりがよく取れます。

ストッキング1足で家中の戸の桟がすっきり。

壁全体の薄汚れを落としたい

ビニールクロス壁には、重曹スプレー

天井近くの隅によくある黒っぽい汚れは、ほこりが集まったもの。大きめのスポンジに水を含ませて軽くしぼり、壁をそっとなでるように拭きます。手の届かない高いところは、掃除機のノズルの先に布や古ストッキングを当てて輪ゴムでくくり、これで吸いこむときれいになります。

ビニールクロス壁なら、重曹スプレーをしてスポンジ拭きを。たばこのヤニや油の混じった汚れも、きれいにとれます。

畳や木製家具のカビ退治はどうしたらいい？

風通しをよくするようにドアを開ける

畳や家具についた青や黒の汚れは「カビ」。ジメジメしたところに増えるので、ドアなどを開けて風を通します。

◎畳のカビ

最近できたマンションや戸建てほど気密性が高いため、湿気がこもりやすくカビも生えやすい環境です。酢水をかたく絞ったプチバスタオルでよく拭き取ります。

これで取れない場合は、消毒用ウエットティッシュで拭き取ります。

カビを退治するには畳の風通しをよくすること。

◎木製家具のカビ

とり方は畳のカビと同じで、お酢スプレーし、布でそっと拭き取ります。家具や家電は、壁にぴったりつけておくとカビが生えやすくなります。5センチほどすきまを開けて、風通しをよくしておきましょう。

湿気取りを上手に使うにはどうする？

冬から夏、夏から冬の年2回交換を

つい入れたままにしてしまう押入れの湿気やカビの防止グッズ。うっかり倒して、吸湿した水をこぼすと大変です。忘れないためには、まず替え時のルールを決めること。それを忘れないように、押入れの中の見えるところにメモを貼っておきましょう。

12月末と6月初めが交換におすすめです。押入れのほかにシンクやコンロの下、洗面所の下の棚にも。ものをしまっている場所が目安です。

毎月買う雑誌や本が捨てられない…

古い情報は陰のエネルギーを溜めこみ危険

「新鮮な情報が載っている」ということに雑誌の価値はあります。

古くなっても何度も読み返したくなる記事は切り抜いてファイリングするか、スキャンしてパソコンやスマホの中に取りこんでおきましょう。3カ月読まない記事は、一生読むことはありません。古い情報はそのまま陰のエネルギーとなるので、思い切って捨てましょう。

また買った本の中にも、重要な本、大切にとっておきたい本はありますよね。

そこで「我が心の30冊」などを決め、そこに含まれない本は古書店に持って行きましょう。

そうすることで、エネルギーもうまく循環するのです。

ほこりっぽくなりやすい本箱の掃除は？

読まない本を捨てるのもほこり掃除

ガラス戸のない本箱では、本の上にほこりがすぐ積もってしまいます。ストッキングボールでやさしく拭くだけでOK。

また、本は虫がつくため、ガラス戸のある本箱ではカビがわきやすくなります。定期的に本を外に出し、ほこり取りと虫除け、カビ防止をかねて拭き掃除が必要です。

毛髪用のリンスか衣類用の柔軟剤をキャップ1杯薄め、プチバスタオルで拭くと、静電気が減ってほこりが出にくくなります。

神棚、仏壇のお手入れはどうすればいい？

神さま仏さま専用を決めて運気アップ

神棚、仏壇は神仏に感謝を捧げる大切な場所であり、スピリチュアルの世界との境目です。

掃除用具も「神さま仏さま専用」と決めておきましょう。といっても特別なものを使うわけではなく、ハタキとふきんで十分。灯篭などを下に降ろしてからハタキをかけ、落ちたホコリをふきんでさっと拭きます。彫刻などの装飾がある台は、エアブラシも便利です。

花、榊、水などのお供えものは毎日取り替えます。高山で採れた天然のお香を焚くと、神仏との関係が強まってよりパワーアップ。

ご先祖さまからの守護を受けられます。

床の間に飾るといい幸運アイテムを教えて

日本古来のクラッシックな花が幸運をまねく

見るだけで凛とした美しい空間を感じさせる床の間は、神聖な神の座（上座）です。

間違っても人が座ってはいけませんし、まして汚れているのも家中の気を乱します。清潔に保ち、美しい掛け軸や牡丹、菊百合、蘭など日本らしいクラッシックな花や季節の花を飾ってください。

花の色と掛け軸の書画の色を同じにすると、色がリレーされて家運がパワーアップします。

家具を選ぶにあたって注意することは？

必要以上に大きな家具は不運が溜まる

家具のうち、殺気をつくりやすいとされるのが食器棚と本棚です。

とくに背の高い棚の前には座らないほうがよいとさえ言われています。

また、使わない食器や読まれない本にはホコリが溜まりやすく、これも陰のエネルギーのもとになります。

必要量が入るだけの機能的な棚が望ましく、「大は小を兼ねる」ということはありません。

どれくらいの大きさの棚が自分に必要かは、いらないものを処分しなければわかりません。その意味でも、掃除の前に「捨てる」「見極める」ことが大切です。趣味に合わない食器、読み返しそうにない本はリサイクルに出すなどして処分を。

木の家具はどうやって掃除する？

素材に合わせて湯拭きか乾拭き、または洗剤拭き

どんな材質でも乾拭きならOK。つまり、汚れが溜まる前にさっと乾拭きするのがいちばんなのです。汚れてきたら、台所用洗剤を混ぜた水でプチバスタオルをかたくしぼって拭き、次にお湯で拭いてから、よく乾かします。

塗装のされていない木製家具、特に桐やナラなどの繊細な木は、シミができやすいので水分を与えるのは避けてください。お気に入りの家具を大切に使うことが幸運をもたらします。

靴箱の上にものを飾っていい？

玄関の飾り台として使えば幸運も倍増

気の入口である玄関にある靴箱には、そのときにあなたが求めているもののシンボルを飾るといいでしょう。たとえば、良縁を求めているのなら、幸せな結婚のシンボルであるオシドリを飾ったり、お金持ちになりたいのなら宝物をたくさん積んだ帆船の模型や絵画を飾ったり、不運に悩んでいるのならお守りを飾ったり…。

しかし、いくら幸運をあらわすシンボルでも、放置してほこりが溜まった状態では不運の原因に。きちんとお手入れしてあげましょう。

特に人形やこけしなど、目・鼻・口のあるものには浮遊霊がつきやすいので、長期間お手入れせず放置するのは絶対にやめましょう。負のエネルギーのもとになってしまいます。

運気をアップさせるにはどんな靴がいい？

大事にお手入れされた自分の足にあったものを

「素敵な靴は素敵な場所に連れて行ってくれる」という言葉があるように、美しいきれいな靴をはくと、行動力を上げ、行く場所のグレードも高めてくれます。さらに仕事で昇進したり、結果的に金運もアップします。

素敵な靴といっても高価なものでなくてもかまいません。大事なのはきちんとお手入れすること。

また、靴は地面からエネルギーを受け取る接点でもあるので、サイズがあっていなかったり、足が痛くなったりして負担のかかるものはよくありません。自分の足にあった靴を選んで、足裏からしっかりとエネルギーを受け取りましょう。

もっと入る靴箱にしたい

突っ張り棒で収納力が2倍に！

靴箱に入りきらない靴が、玄関に広がっているのは風水的にもアウト。ほこりも入りやすくなります。靴箱の収納力を上げるために、突っ張り棒をつけてみましょう。

2本を平行につけるだけで、子ども靴は2段に収納できます。

また、大人靴は、突っ張り棒をはさんで上下に1足分を入れることで2倍に収納できます。

Let's try!

1週間で
お部屋もあなたも
変わる!

金曜日

Fri

P.122〜P.139
参照

金運といえば、まずトイレをきれいに。この曜日は、磨けば光るものに開運が。金属性のもの、電子・電化製品はほこりの宝庫。「汚れ」は災いのもとです。

トイレ

財布・ジュエリー

電子・電化製品

金曜日の神さま

うるわしい笛の音に草木もうっとりさせる金運の神さま

韓《かん》湘《しょう》子《し》

【生い立ち】
唐代の文豪、韓愈（かんゆ）の甥の息子です。
幼いときに両親をなくし、叔祖父に引き取られて詩を学びました。
仕事をするでも官吏登用のエリート試験である「科挙」の勉強に励むでもなく、「私の特技は花を咲かせること」と語る、癒しの芸術家。

【開運】
いつも手放さない笛の音が、人はもちろん、草木にも幸福と成長をもたらします。

【吉方位】
お金と財産運をあらわす南東を守ります。

金曜日 ［FRIDAY］

金運の神さまをまねく!

金曜日はとくに、トイレを磨いて金運を呼びましょう。
光るもの、家電などのお掃除や片づけにも最適な日です。

トイレの神さまは何の運気をアップさせてくれるの？

感謝しながら掃除をして金運アップ！

その昔、偉い人の家にはトイレはなく、用を足す際に使用人が外から便器を運び、用がすむと家の外に持ち出しました。トイレは特別な場所だったのです。排泄物は、そもそも私たちが他の生き物の命をいただいた証。そのトイレを感謝しながらお掃除することで金運アップにつながります。

トイレもおしゃれにしたいのでいろいろ飾っています

悪い気がつきやすいトイレは何もない空間がベター

トイレに幸運のシンボルを飾ると、なぜか逆効果となってあらわれます。

恋愛運を引き寄せるものを飾ると失恋したり、金運のシンボルを飾ると金銭トラブルに巻きこまれたり…。

こうした幸運アイテムは、リビングや玄関へ！　悪い気がつきやすいトイレは、もともと不必要に長居もできません。ですからトイレにはあれこれ飾らず何もない空間がベターです。

トイレのスリッパやマットが汚れやすい

いつも清潔にすることで運気アップ

長期間使われるスリッパは足の蒸れ、細菌のたまり場となり、負のエネルギーを放ちやすいものです。

汚れやすいファブリックより、ビニールや皮革のほうが、除菌ティッシュで拭けるので風水的にもおすすめです。悪い気を他の部屋に持ちこまないよう、必ず専用のものを使ってください。ちなみにスリッパは日本独自の習慣です。

マット類も使わないほうがいいでしょう。

トイレを使うときに気をつけることは？

必ずふたを閉めて負のエネルギーをシャットアウト

気をつけてはいても、トイレの後、尿は飛び散っているもの。また、流すたびに汚水が微粒子レベルで飛び散り、それが負のエネルギーになります。ふたは必ず閉めるようにします。

気がつくとずっと同じタオルを使っています

古い汚れたタオルは美の大敵

風水では、古いタオルは美容運をはじめ、さまざまな運を下げるとされています。

週に一度のトイレ掃除の日に、タオルも必ず新しいものに変えましょう。

トイレの掃除道具はどこに置くといい？

常駐させず、使い捨てか最新の掃除道具で開運

ブラシがスタンドに立ててある家をよく目にしますが、排泄物をこすって流水でジャボジャボとすすいだだけのブラシが常にあるのは、負のエネルギーを常駐させているのと同じことです。

古布、除菌シート、古歯ブラシなど、できるだけ使い捨てのものできれいにします。

また、古い掃除道具は悪い雑菌がたくさんついているので、惜しまず交換してください。

トイレの照明は明るいほうがいい？

必要なだけの明るさがいい

トイレの照明は明るすぎず暗すぎず、がベストです。

省エネで暗いままにしておくのも陰のエネルギーを増幅させてしまいますし、陰陽のバランスをとろうと最高ワットの電球をつけても、トイレの存在感を高めすぎてしまいます。

トイレは照明も、機能的でシンプルなほうがよいのです。

トイレを掃除すると金運がアップするのはなぜ？

トイレの神さまが感謝のしるしを授ける伝説から

誰もがイヤだなと思う場所をきれいにすると、よいことが起こるといいます。人が住まうときに、それぞれの部屋に神さまがやってきて守るとされています。

身軽で足の速い神さま順に、床の間や玄関が先に決まります。身が重く足の遅い神さまは、いつも残るトイレになります。

なぜ、その神さまは遅いかというと、衣類の中にお金をたっぷり入れているため、思うように走れないのです。

掃除をしたくなりませんか？

ストックのトイレットペーパーはどこに収納したらいい？

紙類はトイレ以外の場所に置いて

トイレットペーパーは悪いトイレの気を吸収するので、トイレ以外の場所に置きましょう。

スペースがなければ、布などで目隠しして収納します。それでもストックしている間に負のエネルギーを吸収してしまうので、あまりたくさんは置かず、すぐ使う分だけを置きます。

ポスターやカレンダーを飾る人をよく見かけますが、トイレットペーパーと同じ紙類なので、そこから負のエネルギーを受けることになるので危険です。

本や新聞を持ちこんで読む…という習慣のある人もやめましょう。

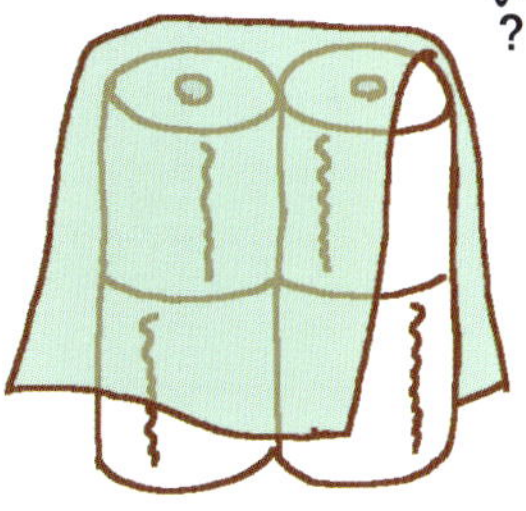

タンクの水受けのザラザラした汚れが気になります

重曹湿布でつるつる、ピカピカに

目につきやすいトイレタンクの水受けの汚れは、水道水に含まれるミネラルとほこりが混じりあってできたもの。お掃除シートではとれません。水受け全体に重曹をふりかけ、上からトイレットペーパーを湿らせたものを貼りつけて重曹湿布をします。

30分ほど置いてからトイレットペーパーをはがしとり、新しいトイレットペーパーに水をつけて拭き取ります。

湿布と水拭きに使ったペーパーをトイレに流して完了です。

トイレ掃除をしても臭いが消えません…

便器の周囲やサニタリーボックス、ブラシなど要注意

便器の中や便座もきれいにしたのに、なんとなくトイレの臭いが残っている…そんなときは壁や床に尿の成分であるアンモニアが付着しているのかも。特に男性のいる家では、尿は思った以上に飛び散っています。

まず、床全体と腰の高さまでの壁、便器やタンクの外側にまんべんなくお酢スプレーし、乾いたプチバスタオルで拭き磨きをしましょう。

サニタリーボックスも、雑菌や臭いがつきやすくなります。重曹をふり入れたり、炭を入れて消臭しましょう。

温水洗浄便座のシャワーノズルを掃除するには?

消毒用ウエットティッシュと二層スポンジで

温水洗浄便座のノズルは、傷をつけないように柔らかい布で水拭きします。

細かい汚れがあるときは、消毒用のウエットティッシュで拭きます。

それでも取れないときは、スポンジに重曹をふってから拭きましょう。

トイレのブラシも掃除したい

重曹+お酢スプレーで同時に洗える殺菌法

重曹をコップ半分ほどトイレの水の溜まっているところに入れ、トイレブラシを入れます。このとき、ブラシにお酢スプレーを吹きかけてから入れると効果的です。

20分ほどつけ置きしたあと、ブラシで便器の中を隅々までよく洗い、最後に水を流しながらブラシをすすぎます。

これでブラシも便器のパイプの奥のほうもきれいになります。ブラシはよく水を切り、できれば天日干ししておきましょう。

トイレをきれいなお部屋にするには?

ほかの部屋と同様に、床のものを減らすこと

トイレのドアを開けたときに何が見えますか? 便座に座ったときに、何が見えますか? 目線から、ものが見えないことが理想です。

トイレ用洗剤や掃除道具、サニタリーボックスは、目線からはずし、死角になる場所に置きます。それだけで、すっきり見えます。

芳香剤は入れ物に入れてインテリアの一部になるように。これで、トイレは快適です。

財布はどこに置いておけばお金が溜まる？

静かな暗がりが吉。北西にあたる場所もおすすめ

毎日持ち歩く財布ですが、帰宅後はバックから出しましょう。動の気があるバッグに入れたままにすると、お金が出ていってしまいます。

お金は暗がりで増えるとも言われるので、通帳、証書などお金関係のものは日のあたるところや照明の下を避け、机の引き出しなどへしまいます。

気を乱す電化製品の近くも避けましょう。お金の神さまは静かな暗がりがお好きなのです。

レシートやカード、クーポンで財布がパンパン

溜めこんだおデブ財布はお金が流れていく

お金を直接出し入れする財布は、金運と直結します。お金の神さまが気持ちよく住めるような財布にしましょう。

レシートは溜めっぱなしにせず、その日のうちに抜き出して家計簿などへファイル。

週に一度は中を拭き、革製品ならクリームを塗って、くたびれた革をリフレッシュさせます。愛着を持って長く使うためには、やはりある程度の品質は必要かもしれません。

カードやレシートなどでぶ厚くなったおデブ財布や、手入れのされていない財布からは、お金が流れていくだけで戻ってきません。

金運アップのために財布の買い換え時は？

1年を目安に交換。感謝の心で処分を

中国からきた風水に財布を捨てる正式な流儀はありませんが、日本では「張る財布」と言われ、春に買い換えるのが縁起がよいとされています。立春大安の日などに買い換えてはいかがでしょうか。

大切に使っていても、だいたい1年を目安に交換しましょう。

風水では、古いもの、使わないものには陰気が宿り、全体運を下げてしまうと考えます。

新しい財布に換えたなら、古い財布はもう役目を終えたと考えて、感謝しながら処分しましょう。財布とわからないように白い布や紙袋などで包み、処分します。するとまた、新たな金運がめぐってきます。

宝石を持つとどんな効果がある？

天然石は対人運アップ。金属は不運から守ってくれる

特に地中から採れる天然のものは風水では土の性質を持つといわれ、それ自体が波動を帯びていて人やものと共鳴します。

怒りなどの感情的なエネルギーを吸収してくれるので対人運をアップさせて調和をもたらすほか、新しい宝石は人間関係をガラッと変えるほどのパワーを持ちます。一方、金属は「金」の性質を持ち、トラブルや事故などの不運から守ってくれる力を発揮します。

お気に入りのジュエリーのくすみ、酸化が気になる…

週に一度のお手入れ＝浄化で悪運をリセット！

地中から採れた鉱物である宝石（天然石）は、とてもパワフルに運気を左右します。

くすみや酸化が見えてきたら、それは浄化が必要なサイン。

浄化の方法は、日光にあてる、水で流す、塩で拭き洗い流す、お香の煙りをあてるなど、いくつかの方法があります。

最低でも週に一度は浄化によるリセットをおすすめします。

大切なジュエリーが壊れてしまった！

不運を引き受けてくれたのかも

石が割れたりヒビが入ったりしたら、身代わりになって厄を落としてくれた証拠。

無理に使い続けず、これまでの自分の行動を見直し、悪いところがあれば改めましょう。

天然石なら湖や川に流せるほか、金属部分は金買い取りに持ちこめます。

ドアノブをきれいにする理由は何かある？

磨くと部屋がきれいに見え、神さまをまねく目印に

ドアは部屋から部屋への道標です。ドアノブはその目印。手あか汚れには、重曹スプレーを吹きかけ、プチバスタオルで拭きます。消毒用ウエットティッシュもＯＫ。

気の流れにかかわる電化製品は？

空気清浄機、加湿機など空気と直接関係するもの

空気清浄機、加湿機、除湿機、エアコン…これらはいずれも空気と関係し、気の流れに直接かかわっています。

これらが汚れていると、そのまま悪い気が家中を回っているのと同じです。

収納するときも、湿ったところに保管しないように注意しましょう。

家電が風水に与える影響を教えて

古いもの、壊れたものは親しい友人が離れていく

たいていの家電には金属が使われているので、五行でいう「金」の性質を持っています。

それは強烈な気を発するので、お手入れされていない状態で使うと、電気代がかかるだけでなく、親しかった友人が離れていくなど運気ダウンの原因に。

壊れたらすぐ粗大ゴミに出しましょう。

もし、長く使いたいなら、ほとんどの家電は寿命が10年ほどなので、買った日を記録しておきます。

修理先をあらかじめ調べておけば、いざというときもあわてません。

家の中の「光るもの」で忘れがちになるのは？

金属製のものと電化製品、鏡、ガラス製の置き物など

大きいもののほとんどの汚れは、手あかとほこりです。手あかがつくのはよく触る部分なので、清潔に保つ場所ともいえます。即効は消毒用のウエットティッシュです。金属製のほとんどは拭くだけできれいになります。また、小さく切ったメラミンスポンジを使うときは、電化製品なので水をつけすぎないよう注意を。

油汚れやこびりつきは、重曹スプレーと二層スポンジでゆるませてからこすります。

扉やパッキンの汚れをなんとかしたい

パッキンの汚れはカビ。酢水で繁殖を防いで

パッキンが汚れたままだと、冷蔵庫内にも雑菌やカビが繁殖しやすくなります。薄めた台所用洗剤と歯ブラシでこすって落とし、水拭きしたあと酢1：水4の酢水を塗っておきましょう。

庫内は食材を全部出し、トレイ類をはずして食器用洗剤で洗い、酢水をスプレーして拭きます。入っていた食材やビン類は、液ダレした底の汚れをきれいに拭きとってから、もとに戻しましょう。

「飛び散り汚れ」がこびりついています

汚れは湯気でゆるませて取る

レンジＯＫの深皿などに重曹水を入れて庫内に入れ、湯気が広がるまで加熱します。そのまま30分ほど置くと、庫内に張りついていた汚れがかなり浮いてくるので、よく絞ったぞうきんで拭き取ります。

電子レンジや冷蔵庫などの外見上の汚れでまず気になるのは、扉の取っ手の部分の黒ずみです。これは手あかとほこりと油が混じり合ったもの。重曹水を絞ったぞうきんできれいになります。

魚を焼いた臭いがとれない…

レモンをチンしてしばらく放置

レモンの輪切り、または絞り汁4分の1くらいを皿に入れて1〜2分加熱。庫内に湯気が充満したらそのまま30分ほど放置してから、ぬらしたプチバスタオルで拭きます。

または、お酢スプレーを吹きかけてから拭いても。

庫内があちこち焦げつきだらけ

二層スポンジかステンレスボールでこする

オーブンレンジ庫内の汚れは、度合いによって二層スポンジとステンレスボールの使い分けを。重曹をふりかけてこすると効果的です。仕上げはぬらしたプチバスタオルで。

また、魚焼きグリルの汚れはゆるませてから、手を汚さずラクして掃除がおすすめ。重曹をふりかけてからお酢スプレーを。切った新聞紙を置き、上からお酢スプレーをして30分ほど放置します。あとは新聞紙を丸めて拭き取ります。

カセットコンロはたまに出すと、サビ汚れが大変…

重曹とステンレスたわしで磨く

災害時用にも手入れしておきたいカセットコンロ。こびりついた汚れは、五徳などのはずせる部品をはずして重曹をふりかけ、ガスコンロ用のかたいブラシでこすって落とします。落ちない汚れは、ステンレスたわしを使うとよく取れます。

保存してあった古いガスボンベは要チェック。口金部分がサビていたり、外観がゆがんでいるなど心配なものは正しい方法で処分しましょう。

パソコンやメールの受信箱にデータがたくさん

いらない情報が溜まると人間関係にもトラブルが

ファイルや受信箱が整理されていないと、速度が遅くなるだけでなく、人間関係にもトラブルが発生します。

必要なデータは外部のメモリーに保存し、使わないファイルは端末から削除してできるだけ軽い状態にしておきましょう。ファイルやフォルダが混乱しているのは、家の中がごちゃごちゃしているのと同じ。

バーチャルの空間の風水も、リアルの空間と同じなのです。

パソコンとテレビにホコリが溜まる

コードはスポンジ、画面はめがね拭きがラク

電磁波と静電気によりホコリとチリが集まりやすいスイッチやキーボード。本体は専用クリーナーで拭き、コードはスポンジで包みこむように持って拭きます。拭いたそばから筋がつく厄介なディスプレーは、めがね拭きが便利です。

つい食事をしながら仕事をしてパソコンが汚れがち

汚れたまま使うと仕事運、学力低下をまねく

パソコンをしながら食べる習慣があると、キーボードには食べ物のカスが詰まったり、ベタベタしたりしませんか。

それでなくても、ホコリが溜まりやすいもの。平日の終わりにきれいにしておくと、また仕事や勉強をはじめるときに気持ちよく使えます。

パソコンを汚れたまま使っていると、仕事運や学力の神さまも逃げていってしまいますよ。

携帯やスマホは風水的にどんな影響があるの？

玄関と同じ、運気を左右する重要なアイテム

今やコミュニケーションにかかせない携帯やスマホは、風水では玄関と同じように、さまざまな気が出入りすると考えられています。汚れている携帯はコミュニケーションの質を低下させ、人間関係が悪化。仕事で使う場合は、仕事の質が低下し、収益力が下がる原因に。ディスプレーが割れていたり、傷が目立つ場合は、深刻なコミュニケーションロスをまねくのでなるべく早く買い替えましょう。

ホコリで黒ずんできた電話機、FAX機は？

消毒用のウエットティッシュで拭き取ります

受話器や電話機本体は、水気をつけると故障の原因になるので注意を。ウエットティシュは速乾なので、汚れ取りに便利です。

本体につながるコードが丸まっていたら直し、ウエットティッシュで拭きます。または、重曹水をスプレーしたスポンジでしごくように拭いていきます。リセット掃除後は、ホコリ汚れだけのチェックですみます。ストッキングボールで軽く拭けばきれいになります。

エアコンをつけても涼しくならない

ボディとフィルター、リモコンの汚れをチェック

プロに掃除を頼むこともできますが、まずはボディとフィルターをきれいにしましょう。空気がきれいになるだけでなく、省エネにもなります。

本体だけでなく、リモコンも意外と汚れています。スポンジをキューブ状に小さく切って切れ目を入れ、細かいところをきれいにして。

春秋の使用しない時期も、上にホコリが溜まりやすいので注意。

ホットカーペット、敷きっぱなしはダメ？

汚れとダニの温床に。季節用品として分けて

ホットカーペットは立派な冬物家電。暖房器具は冬が終わったらしまうのが鉄則です。そのままだと、成長と繁栄をもたらす春のエネルギーが入ってこられなくなってしまいます。

カバーは普通のカーペットと同様、毛足を立てるように二層スポンジのかたいほうでブラッシングしてゴミを浮かせます。掃除機で吸い取ってから、乾拭きして天日干ししましょう。外に干せないときは、窓辺でもイスにかけて干します。

ホットカーペット本体は、掃除機をかけるだけでOK。それぞれ、別々に丸めてビニール袋に入れ、防虫剤と脱湿剤を入れて収納します。

バイ菌のタタいホットカーペット
2層スポンジで
並目と逆目を
ブラッシング

洗濯機がなんとなくにおう

酸素系漂白剤でスッキリ

身にまとう衣類を洗う洗濯機は、家族の社会生活、仕事、恋愛、健康などすべてのコンディションに影響します。服だけでなく、洗濯機も清潔にしましょう。

においのもとは、落としきれなかった汚れと、脱水後に増殖した雑菌。ぬるま湯を張った洗濯槽に酸素系漂白剤を入れ、2〜3分運転してから2時間ほど放置します。それから標準コースで運転するとスッキリ。

洗濯物ににおいや黒いカスが付着する…

洗濯槽にぬるま湯を入れて重曹を加えてひと晩おく

洗濯物につく嫌なにおいや黒いゴミは、水あかや洗剤カスが洗濯槽の内側に溜まってできたカビが原因です。また、汚れものをそのままにしていてもタオルなどのカビ汚れになりやすいので注意を。

洗濯槽の汚れには、水を最高位に張って重曹をカップ1入れ、ひと晩そのままに。あとは、そのまま標準コースでスイッチオン。におい対策には、お酢スプレーを追加します。

掃除機が臭くて掃除がイヤ

粉せっけんを吸いこませて

掃除機もエアコンと同様、空気を吸って吐く機器であり、気の流れを整えるためにはとても重要です。きれいな空気が流れるよう、吸いこみ口やフィルターにからまったゴミはまめに取り除くようにします。水洗いできる部分は、洗った後、半日以上陰干しすること。水気が残っているとイヤなにおいが漂うので注意。乾かしてからセットし直し、粉せっけんを少々吸いこませてからスイッチを入れるといい香りが漂います。

部屋の明りが薄暗くなってきた…

ほうき＋ペーパーモップでほこりをとって明るく

ほこり汚れが照明の光をさえぎって、家全体が暗くなってしまうこともあります。まず、ほうきにストッキングを巻いてほこりを拭います。

布や紙でできた照明器具では、水を使うと変色したりシミになってしまう可能性があるので、から拭きをします。

3カ月に一度くらい照明器具を洗って、いつも明るく過ごしましょう。

ピカピカの鏡で自分をきれいに映したい！

汚れに水スプレーし、ゆるませてから新聞紙で磨く

鏡はガラス窓と同じように、霧吹きで湿らせて、新聞紙を丸めて拭くと汚れやくもりもピカピカになります。汚れが落ちたら、あとはほこり汚れです。

通常は、ストッキングボールで拭きます。

鏡を捨てるのはなんとなく不吉な感じがします…

古くなった鏡を捨てることで過去の自分をリセット

「鏡を捨てるのは不吉な感じがする…」と古くなった鏡やいらなくなった鏡を捨てられない女性が多いようですが、鏡は不燃物として普通に捨ててかまいません。

その際、花や観葉植物など美しいものを映してから鏡を少し割ります。それから自分を映し、感謝の気持ちをこめて布や紙に包んで捨てましょう。そうすることで過去の自分もリセットできます。

使わなくなった家電はどうやって処分するの？

「家電リサイクル法」を知っておこう

粗大ごみとして「捨てる」ことができない家電があります。エアコン、テレビ、冷蔵庫・冷凍庫、洗濯機・衣類乾燥機の4品目は、「特定家庭用機器」のリサイクル対象の家電です。

この4品目を手放したいときは、「買い換える（新しい商品を買って古いものを引き取ってもらう）」か「処分を依頼する（指定業者に連絡を取り有料で引き取ってもらう）」かのどちらかになります。

信頼できるお店を探しましょう。

Q「パソコンリサイクル法（PCリサイクル）」って何？

使わなくなったパソコンは、製造メーカーが回収・リサイクルするというしくみです。各パソコンメーカー（またはパソコン3R推進協会）に連絡をとれば、処理費、運送費もかかりません。

Q それ以外の家電はどうするの？

住んでいる市区町村によって処分のしかたが違うので、役所の清掃リサイクル課などに連絡をとりましょう。ほとんどは、粗大ごみとして処理費がかかります。

捨てるにも手間とお金がかかると考え、よけいなものを買いこまないことがエコロジーといえます。

1週間で
お部屋もあなたも
変わる!

土曜日

Sat

P.142〜P.153
参照

ベランダ・庭

玄関へのアプローチやベランダ、庭の土まわりは油断しがち。リセットを心がけましょう。大地の強運エネルギーを呼びこみ、パワーアップしましょう。

土曜日の神さま

魔法の杖でひらめきとアイデアをくれる才能運の神さま

李《り》鉄《てっ》拐《かい》

【生い立ち】

「科挙」に落第し続け、世をはかなんで山にこもりました。道教の始祖であった老子に弟子入りし、修行に励みます。幽体離脱を練習中、うっかり者の弟子に戻るべき肉体を火で焼かれてしまい、自らの姿の近くにあった屍を借りてよみがえらせました。

【開運】

魔法の杖が独特の価値観と美意識をもたらします。ひょうたんの中に入っている薬は、治癒力をさずけてくれます。

【吉方位】

名声、人気をあらわす南を守ります。

土曜日 ［SATURDAY］

才能運の神さまをまねく!

外の大地の土まわりは、土曜日に。玄関までのアプローチやベランダや庭など、まさに神さまの出入口です。

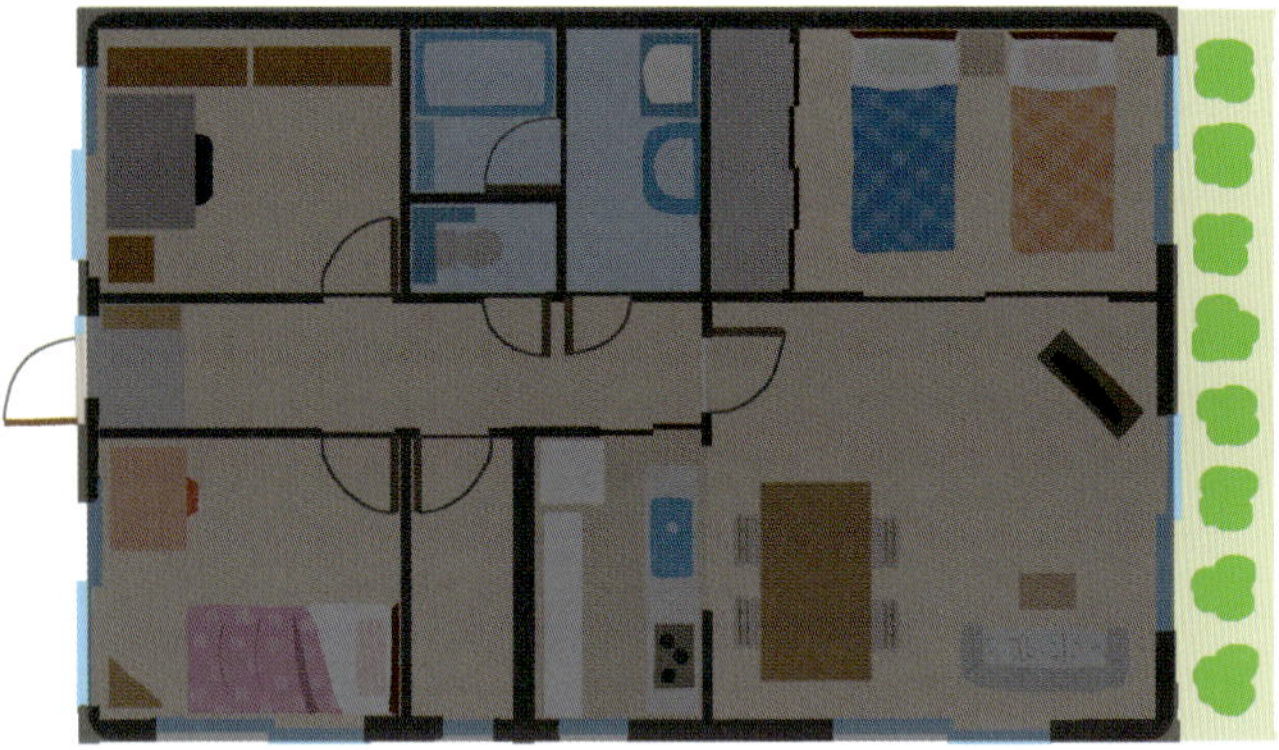

家の中は掃除しても外まわりはつい後回しになりがち

玄関までのアプローチだけでもきれいにすると運気アップ

門から玄関に至るまでのアプローチ、庭から家に至るアプローチ、そしてベランダの入口周辺は、外からの気が入ってくる重要なところ。玄関と同じくらい大切にしたい場所です。

時間がなければ、落ちているゴミだけでも拾いましょう。特に秋の落ち葉は、陰の気が家の中にまで広がりやすいので要注意。

きれいな外まわりにすると神さまも喜んでやってきてくれます。

隣家と近接したベランダがストレスに感じる

花と実のつく観葉植物で邪気を払う

ベランダは成長と繁栄のエネルギーをつかさどる場所です。

マンションの場合、物置のように使う人もいますが、玄関と同様に気の入口となるので、古いカラーボックスや子どもの三輪車などの廃棄品は片づけ、家の中に新鮮な気が入るようにします。

気になるお隣との境には、花の咲く観葉植物を置くと邪気を払ってくれます。

特に次の花が◎。

・人間関係運アップには、赤い花。

・金運アップには、多肉の「金のなる木」。

・恋愛・結婚運アップには、シャクヤク、牡丹。

・ストレスの浄化には、ライム、かぼすなど緑の実のかんきつ類。

門まわりをきれいにするポイントは？

来客者の目になって見直してみる

家全体を少し遠くから新鮮な目で見てみると、表札、門、外灯、郵便受けなど汚れたところを見つけやすくなります。

雨上がりなら、濡れているので汚れがゆるみ、お掃除のチャンス。プチバスタオルで乾拭きしながら、細かいところのほこりを取っていきましょう。

ざっと、玄関ほうきで土ぼこりを取ってから、二層スポンジで汚れを拭きます。細かいところは楊枝を使うと、土などよく取れます。

共用の外階段も掃除しないとダメ？

公共の場をきれいにすると自分も周りも運気アップ

テラスハウスやアパートの外階段は住民みんなが共用するところ。古新聞が積まれていたり、散らかっていたりすると、それぞれの家の中にも邪気がやってきます。

住民の家族すべてに悪影響を及ぼすので、「誰かがやるだろう」ではなく、率先して片づけましょう。

きれいな場所からは悪い気が逃げていき、人が嫌がることを実践してやる人には成功運が授かります。

トイレ掃除で成功したと伝えられる人は、会社や公園など、公共のトイレも率先して掃除していました。

大勢の邪気が集まるところだからこそ、すがすがしくしたいものです。

汚れた塀は、どうやってきれいに？

ブロック塀は水洗い、木塀はから拭きで

塀には、泥汚れや鳥のふん、落書きがされていることも。ブロック塀やフェンスは、水をかけながらデッキブラシでごしごし磨き。下に花壇などがなければ、酢水や重曹水を使って磨くと黒ずみなどもよくとれます。

木塀は乾いたぞうきんでほこりを取り除き、ひどい汚れの部分にだけ薄めた中性洗剤をしぼったぞうきんで拭き取ります。

塀の足元もよく見て、雑草があったら抜き、煙草の吸殻などの小さいゴミを拾いましょう。

部屋から見えるゴミ捨て場が不快です

カーテンや植木を置くなど見えないよう工夫を

収集車がくるまでゴミが置きっぱなしになっているゴミ捨て場は、リビングから直接見えたりすると、排泄物の放つネガティブな気をまともに受けてしまいます。

家族の健康運にも影響を及ぼすので、玄関や窓から絶対見えないように、カーテンや植木で視界をさえぎる工夫をしましょう。

不要品はとりあえず物置にしまっています

ものを溜めこんだ物置は暮らしを停滞させる

本来、物置は不用品を入れる場所ではなく、使う頻度が少ない季節物などを保管する場所。

ものを溜めこんだ物置は、停滞した陰のエネルギーで満ちています。

物置の大きさは、中に入れるものの量で決めるのではなく、家の大きさに合わせましょう。

使わないものは処分して、いつも清潔で機能的な物置にしましょう。

湿気が溜まり、悪臭がただようようなひどい状態の場合は、物置のある方位によっては異なる種類の不運がもたらされますので注意してください。

定期的に扉を開けて、風通しをよくし、少なくとも扉を開けたときにイヤなにおいがしないように物置の中の状態を整えておきましょう。

節電のため外灯はなるべくつけないようにしています

陽のエネルギーを呼びこむためにいつも明るく

一瞬で「火」の力を放つライトは風水の強力なアイテム。

五行の中で火は名誉、名声、権力、人気をあらわすので、仕事や学校では評価されやすく、恋愛では意中の人から意識されるようになります。願い事がある人は夜も点灯を。

コスト上難しいなら、つけていない間も火のエネルギーが宿るよう、電球はいつも赤々とつくようにし、ライトの笠や台もきれいにして清潔にします。

歳神さまを迎える大晦日やクリスマスの日など、ここぞという夜は点灯してください。

陰の気が満ちる冬至前後もつけたほうが吉。弱った太陽エネルギーを明かりで補いましょう。

家の中に土まわりはある？どうすればいい？

冷蔵庫に入れない野菜類は新聞紙で包む。植物管理を

土もの野菜は冷蔵庫に入れない根菜類や芋類、葱類などは、冷暗所に保存が向いています。新聞紙にくるみ、カゴなどに入れると長持ちします。花などの植物も土まわりです。切り花は水が腐りやすいので、お酢スプレーを花瓶にひと吹きしてから水を入れると効果的で、花も長持ちします。

お酢スプレーは野菜のアク抜きにも使えて便利。水を張ったボウルにひと吹きしてから野菜を入れます。

最近、悪い知らせばかりが届きます…

郵便受けをきれいにして悪運をリセット

郵便受けが汚れていると、電話機が汚れているのと同じで、外とのコミュニケーションを遮断してしまいます。

督促状や別れの手紙など悪い知らせが頻繁に舞いこむ人は、郵便受けをきれいにして悪運をリセット。

また、不要な郵便物を入れっぱなしにするのは、溜めこみのもととなり、運気も下降します。

郵便受けをきれいにするにはどうしたら…

二層スポンジのかたいほうでほこりをとってから拭く

ざっと玄関ほうきで土ぼこりを掃いてから、二層スポンジを濡らして汚れを拭きます。かたいほうで汚れを取り、やわらかいほうで拭き取ります。乾拭きすると、より輝きます。挿入口もスポンジならラクです。

外まわりの開運アイテムを教えて

表札は家庭運アップ、噴水や池は金運アップ

まずは表札をきれいにして家庭運アップ。根拠のない悪口や噂が減り、努力が正当に評価されるようになります。

表札を庭に出している場合は土ぼこりで汚れやすいので、まめにチェックして拭き磨きをしましょう。

庭の広い家なら、噴水や池をつくると金運をつかさどる水のエネルギーによって、大きな運にめぐまれるとされています。

外まわりで見落としがちなところは？

駐車場、車庫をきれいにすると家内安全に

駐車場は車にとっての家であり、家族にとっては第二の玄関。排ガスで溜まった汚れ、ホコリをきれいにすると事故防止にもつながります。駐車場のコンディションがよいと、うっかり交通違反をするようなミスがなくなり、大きな事故もなくなるでしょう。

不運の影響を受けた車での移動には不運がつきまといます。

玄関前に駐車場がある場合は、できるだけ気の流れを遮断しないように停めてください。

駐車場に灯油をこぼしてしまった…

新聞紙をかぶせて吸油してから、粉ものをふりかける

灯油やオイルをこぼしてしまったら、新聞紙を広げて吸油し、重曹などの粉ものをふりかけて吸い取らせます。

液体がなくなったらポロポロの粉をほうきで掃き集めてゴミ袋に捨て、軽く水拭き。

灯油ゴミの入ったゴミ袋はその場においておかず、すぐに処理しましょう。

駐車場がほこりやドロで汚れないよう、自転車や車は泥汚れだけでも落としておきます。

土まわりをきれいにする基本ってあるの？

土ぼこりがつくサッシや網戸、外に置いてあるもの

土まわりは何か、あらためて家から外側を、外から家の中を眺めてみましょう。そうすると、景色の違いに気づくでしょう。網戸やサッシが汚れていませんか？　ベランダが物置になっていませんか？

風水的によくない植物って何？

サボテンとツタは要注意！殺気を送ります

原因不明の不調やトラブルが続いたら、庭やベランダに尖った植物がないかを疑って。

風水では、トゲや針は殺気を送ると考えられています。

たとえばトゲの多いサボテンなど。肉厚で水分をよく含み、少しの水で長く生きられるサボテンは育てやすい植物ですが、置くとすればトゲのないサボテンがおすすめです。水をよくあげると花が咲くことがあり、おまけにも似たサプライズの幸運もありえます。

古い家などで見かける、壁中がツタで覆われたような屋敷もNG。

寄生虫を飼っているのと同じで、家人のエネルギーが植物に奪われてしまうと言われています。もしもそのような家に住むことになったら、ツタは必ず除去してください。

運気がアップするおすすめの植物は何？

葉が丸く肉厚の植物で金運アップ！

風水では、葉が丸い、肉厚な植物がお金をあらわすとされています。春に花が咲くものならなおラッキー。梅や桜がよく知られています。

どんな植物もそこに住む人の成長エネルギーをあらわすので、植物にあったお手入れをしてきちんと育ててあげましょう。

もしも、枯れたり病気になったりしたら、家人の代わりに厄落としをしてくれたのだと考えて、小さく切って土に埋め、さよならします。

庭先の砂利の部分を美しくしたい！

雑草は根っこごと抜き取って重曹をまく

砂利の間に散らばった落ち葉やゴミを竹ぼうきで掃き出し、雑草は見つけしだい根ごと引き抜きます。そのあと、重曹をまいておくと、除草効果で残った根っこも枯れます。門、玄関、庭を結ぶ流れを作っている砂利敷きは、歩くと音がするので侵入者を防ぎます。ここがきれいに片づいていることは風水上もよく、一石二鳥なのです。

潮干狩り気分で、ビニール袋を持参で楽しんで。不要のスプーンやフォークが役立ちます。

欠けた鉢やプランターは捨てるしかない？

細かく割って鉢底の石にするか、土に戻して

風水では割れものはよくありません。再利用は避けましょう。

捨てるなら「燃えるゴミ」に。または、細かく砕いて鉢底に敷く石のかわりにするか、土に戻すことで、土そのものの力が強くなり、波動を受けることができます。

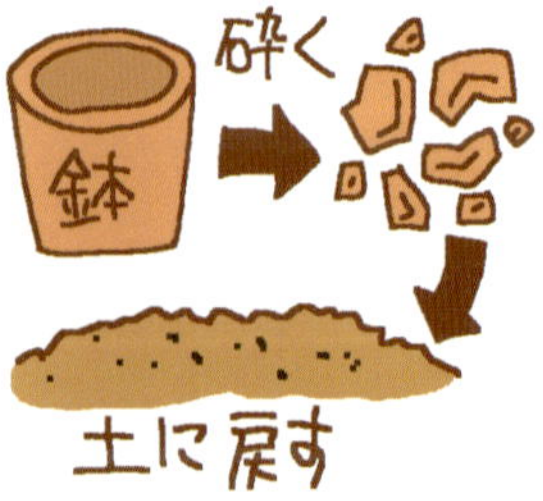

時期を過ぎた花の鉢はそのままに？

球根や多年草は来年のために活かして

朝顔のようにその年しか咲かないものは、種をとったら掘り起こして処分します。

チューリップのような球根花や多年草は、花が終わったら葉と茎だけにして来年のために育成する期間です。詳しくは園芸ショップなどに確認を。

抜いたあとの土や植木鉢、プランターはそのままにせず片づけます。ほかに苗を入れるときは土を足して混ぜてから植えます。

ベランダがすぐほこりっぽくなります

新聞紙でほこりを吸着

特に高層階では強い風が吹くため、ベランダはすぐほこりっぽくなってしまいます。ちぎって湿らせた新聞紙をまいておくと、ほこりが舞いあがらずに掃き集めることができます。窓や壁の土ぼこりも、外ぼうきやスポンジではらい落とします。

ベランダの排水口がつまりやすい

流れをよくしておかないと外から家の中に悪運が入る

集合住宅のベランダ排水管は上の階から流れてくるため、どこかの階でゴミなどが詰まっても流れにくくなります。

ベランダの排水口はすべての運気に通じる通路。外にあるからと油断すると、排水口を通じて家の中に悪運が舞いこみます。

ベランダに排水口がなくて掃除できない

新聞紙や古着で水気を吸収させる

土汚れは水がないと落ちません。水を流して掃除できるのがいちばんですが、ない場合は新聞紙や古くなったTシャツをカットして、水に濡らしてからベランダの床にまきます。それからほうきでさーっと集めると、細かい土ボコリも取れます。

雨でベランダが汚れた翌日に掃除すると効率的。

古いネガティブなエネルギーが流れ去ってはじめて、外からの運もやってきます。

物干し竿を長持ちさせるには？

ホコリや土ボコリがつくので使うたびにすぐ拭く

古くなったフェイスタオルを、物干し竿にしばります。結び目をきれいにするのがコツです。

左右に動かしていけば、物干し竿の汚れがきれいになります。何度か使ったら取り外し、ベランダの掃除に使ってから捨てることにします。

長年使って表面が剥がれたり、サビが出た物干し竿を捨てるときは、粗大ごみになります。住んでいる自治体のルールに従って処分しましょう。

サッシの溝に泥が溜まってしまった

割り箸＋プチバスタオルで

割り箸に濡らしたプチバスタオルをかぶせます。そのまま鉛筆を持つ手で、サッシの溝を端から線を引くように拭くだけできれいになります。

こびりつきは、霧吹きで水を吹きかけ、「汚れ」がゆるんでから拭きます。

網戸の目に詰まったホコリが取れません

二層スポンジ＋プチバスタオルで

二層スポンジのかたいほうを使ってホコリを取り除きます。ほうきの要領で上から下に掃くとよく取れます。仕上げにぬらしたプチバスタオルで上から左右に拭くと「汚れ」が取れ、さっぱりします。

たとえば…
ちょっとしたお掃除や片づけで
お部屋もあなたも変わるのよ

カーテンを開けるだけでも
重要な役目があるの
Power
!

毎日のお片づけはもちろん…
お家に帰る
お時間よ〜

清潔を保つことが大事よ〜
えっ、それだけで?
そうよ
風水の方位は座る向きだけでも
家庭に愛情が育まれるの
そうすれば神さまはいつだって
見守ってくれるわ
わーい

ピッカピカ!
書類の整理をするかな
そうだ!
お掃除曜日
日 月 火 水 木 金 土
Sun Mon Tue Wed
今日は何曜日?

てきぱき!
はつらつ!
パパもママも
楽しそう!
最近の
課長、
カッコイイ
ステキ~
遊ぼ~
おうちが
楽し~の!
バイバーイ
2人目~
Good Luck!

ブックデザイン　小口翔平＋西垂水敦（tobufune）
イラスト　はやし・ひろ
編集協力　柴崎あづさ
南雲つぐみ
白石知美（システムタンク）
DTP　齋藤　稔（ジーラム）

【監修者紹介】

きさいち 登志子（きさいち・としこ）

◉――東京都生まれ。生活コーディネーター、TU・TI 編集室代表、料理雑誌編集長。

◉――『神様がやどる暮らしのしきたり　開運BOOK』（主婦と生活社）、『神さまがやどるお掃除の本』（永岡書店）、キンドル版『なんで私の部屋、いつも知らぬ間にゴチャゴチャなの!?』（すばる舎）、『幸せがやってくる魔法のかたづけ術』（ジョルダン）などの著書、監修書多数のほか、雑誌・テレビなどでお掃除や片づけをはじめ、家事についてのアドバイスを行う。

田中 道明（たなか・みちあき）

◉――1972年、東京都生まれ。風水コンサルタント、ワールド・オブ・風水ジャパン代表。

◉――世界で累計1000万部以上のベストセラー風水作家でもあるリリアン・トゥーの翻訳者。日本人として初めてリリアン・トゥーからマスターコンサルタントの認定を受けた。リリアン・トゥーの日本語版のWEBマガジン、ネットショップの運営、風水コンサルティング、講演を行っている。日常生活に簡単に取り入れられる風水についての講演は人気が高く、定評がある。

風水《ふうすい》の神《かみ》さまをまねくお部屋《へや》の本《ほん》　〈検印廃止〉

2014年 8 月 4 日　第 1 刷発行
2015年 1 月21日　第 2 刷発行

監　修――きさいち　登志子＋田中　道明©
発行者――齊藤　龍男
発行所――株式会社かんき出版
東京都千代田区麹町4-1-4 西脇ビル　〒102-0083
電話　営業部：03(3262)8011㈹　編集部：03(3262)8012㈹
FAX　03(3234)4421　振替　00100-2-62304
http://www.kankidirect.com/

印刷所――シナノ書籍印刷株式会社

ISBN978-4-7612-7019-3 C2076